KB265693

1세 영아의 보육교사, 또래와의 관계형성 이해

어린이집에서의

1세 영아의 보육교사,
또래와의 관계형성 이해

어린이집에서의

1세 영아의 보육교사, 또래와의 관계형성 이해

김경란 · 이혜경 공저

KSi 한국학술정보㈜

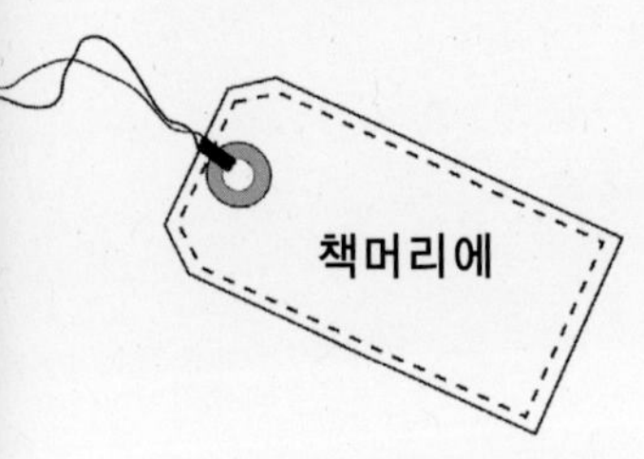

저자 모두 어린이집에서 근무하던 때를 되돌아보면 가장 행복하고 즐거운 경험 중 하나는 자신의 느낌을 언어로 표현하지 못하는 영아반 아이들을 이해하는 과정이었다고 생각된다. 그들의 얼굴에 환하게 피어나는 웃음과 그렁그렁 눈물 고인 눈가를 바라보면서 언어 표현이 자유롭지 못한 영아들을 이해하고자 많이 노력했던 기억이 아직도 또렷하다. 어린이집의 1세 영아들은, 하루 종일 얼굴도 보지 못하다가 복도에서 마주치면 하루 동안 있었던 자신의 생활을 이야기해 주는 언니들과는 많이 달랐다. 영아반 아이들은 아침부터 인사를 나누지도 못한 날에는 그들의 생활을 알 수 없었고 교실 밖에서는 도저히 이해하기 어려운 그들만의 세계가 따로 존재하는 듯 보였다. 그렇지만 막상 교실 문을 빠끔히 열고 들어서면 보육교사와 영아들과는 원활한 의사소통이 이루어지고 있었다. 단지 외부인에게는 교실 문을 열고 물리적으로 그들의 세계 속으로 들어서도 진정한 그들의 세계로 들어갈 수 있는 문이 굳게 닫혀져 있을 뿐이었다. 우리가 닫힌 문을 열고 영아반의 하루하루를 알고 싶은 마음이 가득하여 그들 속으로 들어가기 위해서는 그들과 함께 날마다 함께 생활해야 한다는 작은 사실을 깨닫게 되었다. 그래서 한 해 동안 영아반 교실에 앉아 그들과 일상을 함께 호흡하는 참여관찰자가 되어서야 조금씩 조금씩 그들의 세상을 들여다보면서 그들을 이해하는 것이 가능해지게 되었다. 우리는, 어린이집에서 하루의 대부분을 생활하는 영아가 보육교사, 또래와 긴 시간 동안 함께 생활하면서 어떻게 관계를 형성해나가는지, 그리고 형성된 관계 속에서 영아는 어떻게 발달을 이루어나가는지 민감한 눈으로 일상생활을 살펴보았다. 그리고 이러한 경험들을 영아반 생활을 이해하고자 하는 현장의 보육교사나 예비교사, 또는 부모들과 나누고 싶다는 작은 바람을 가지고 책을 엮게 되었다.

이 책은 모두 6장으로 구성되었는데 I 장은 '서론'으로 본 연구의 필요성과 목적, 용어의 정의 등을 소개하였다. II 장은 '이론적 배경' 부분으로 영아의 놀이와 사회적 관계에 대한 이론적인 내용을 중심으로 하였다. III 장은 '연구의 방법 및 절차'에 대한 소개로서 연구참여자와 연구현장, 연구방법과 절차에 대한 내용을 제시하였다. 연구결과는 놀이상황에서 영아와 보육교사와의 관계, 영아와 또래와의 관계로 나누어서 기술하였다. 결과의 첫 번째 IV 장은 '영아와 보육교사와의 관계형성 과정'으로서 양육자 이외의 보육교사와의 애착 형성과정, 어떻게 관계를 이루어 나가는지에 대해 구체적으로 설명했다. 놀이상황에서 영아와 보육교사와의 관계로서 정서적 교감을 통한 관계형성, 발달적 요구에 기초한 보육교사와의 관계에 대한 많은 예화와 이론적 제시를 통하여 보육교사의 역할에 대한 중요성을 다시 한 번 생각 하는 기회를 제공하고자 하였다. 결과의 두 번째 Ⅴ장에서는 놀이상황에서 유사한 발달적 특성을 보이지만 각 영아마다 개별성이 두드러지는 1세 영아들의 또래와의 관계형성 과정에 대한 관찰일지를 제시하여 또래와의 관계형성에 대하여 기술하였다. 이 시기 영아가 경험하는 또래와의 관계는 또래에 대한 자연스런 관심, 상호작용을 통한 관계형성과 놀잇감을 매개로 갈등도 하고 놀이대상으로서 즐거운 경험도 함께하였다. 어린이집의 1세 반 영아들의 다양한 또래관계에 대해 긴 시간 동안 참여 관찰한 많은 예화를 제시하여 영아들의 또래관계에 대해 알고자 하는 이들의 이해를 돕고자 하였다.

우리나라의 0-2세 영아 인구 중 보육시설에 등록한 영아의 증가로 많은 영아들이 보육시설에서 보육교사 및 또래와 하루 중 긴 시간을 함께 지내고 있다. 그러므로 어린이집에서 생활하는 영아들은 자연스럽게 부모 이외의 보육교사를 비롯한 성인 및 또래들과함께 생활하고 활동에 참여하게 된다. 그리고 이로 인해 인생 초기부터 다양한 사회적 맥락에 의한 영향을 주고받으며 생활하고 있다.

　이 책이 보육교사들에게 영아들과 긍정적인 관계를 형성하기 위한 폭넓은 이해는 물론 보다 촘촘한 시야를 가져 영아들의 일상을 이해하는 데 보탬이 되기를 바란다. 또한 영아를 사랑하고 그들의 삶을 소중히 여기는 모든 이들의 관심과 비판을 부탁드린다.

　끝으로 자신들의 삶의 공간 속에 연구자가 들어갈 수 있도록 기꺼이 문을 열어주고 그 안에서 일 년이라는 긴 시간 동안 함께 생활하도록 허락해주신 어린이집의 교직원은 물론 하늘반의 두 분 선생님과 열 명의 아이들에게 진심으로 감사하는 마음을 전한다.

2009년 2월
저자 김경란, 이혜경

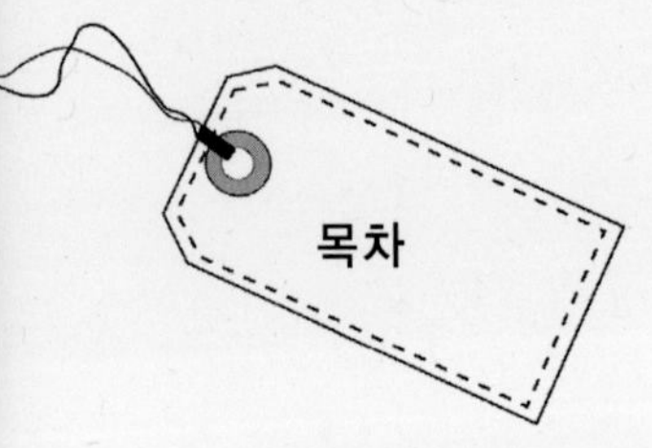

목차

I

서론

A 연구의 필요성 및 목적

1. 연구의 필요성 및 목적

한국의 가족은 급격한 산업화와 도시화 과정에서 그 구조와 기능이 근본적으로 변화하고 있다. 가족규모의 감소 및 가족형태의 변화, 맞벌이 부부의 증가 등으로 인하여 아주 어린 시기부터 영아들은 가정이 아닌 보육시설에서 양육되는 경우가 증가하고 있다. NICHD(National Institute of Child Health and Human Development)는 맞벌이 부부의 증가로 인해 기관에 보내지는 연령이 점차 하향화됨으로 보육시설에서 영아가 경험하는 사회적 관계를 연구할 필요가 있다(Early Child Care Research Network, 2001)고 보고한 바 있다.

우리나라의 0-2세 총 영아 인구 중 보육시설에 등록한 영아 보육률은 2005년 현재 16.2%(여성가족부, 2005)로 계속 증가하고 있다. 많은 영아들이 아주 어린 시기부터 가정이 아닌 보육시설에서 교사 및 또래와 하루 중 많은 시간을 함께 지내고 있는 것이다. 가정이 아닌 시설에서 부모 이외의 다른 성인 및 또래들과 함께 생활하고 활동에 참여한다는 것은 인생 초기부터 다양한 사회적 맥락에 의해 영향을 주고받는다는 것을 의미한다.

영유아보육법(2005)에 의하면 1세반의 경우 학급당 교사와 영아의 비율이 1 : 5로, 이는 한 명의 성인이 보육해야 할 영아의 수는 5명이고, 개별 영아가 형성할 수 있는 또래 역시 5명임을 의미한다. 즉 1세반에 다니는 영아는 긴 시간 동안 보육시설에서 보육교사 및 다른 영아들과 상호작용하면서 끊임없이 다양한 형태의 대인관계를 형성하고 있다.

지금까지 영아의 사회적 상호작용에 대한 연구들은 주로 어머니와의 상호작용에 관심을 두었다(Jacobson & Wille, 1986; Main, 1983; Matas, Arend, & Sroufe, 1978). 이러한 연구들은 주로 영아기의 주 양육자인 어머니와의 관계가 이후 인성발달에 기초가 된다는 점을 강조하고 있다. 그런데 영아보육에 대한 사회적 요구가 높아지고 보육시설에서 양육되는 영아가 많아지면서 어머니와 보육교사에 대한 애착발달을 비교 연구한 결과들이 보고되었다(Goossens & van Ijzendoorn, 1990; Howes, 1988). 보육시설에서 생활하는 영아의 사회적 유능감과 보육교사와의 애착관계를 밝힌 연구결과에 의하면, 보육교사와의 애착 정도는 영아의 사회성발달에 영향을 미칠 뿐 아니라 어머니와 영아가 불안정 애착을 형성하였을 경우 부분적으로나마 이를 극복할 수 있다는 결과를 제시하고 있다(Goosen et al., 1990; Howes & Hamilton, 1993; Howes, 1988, Oppenheim, Sagi & Lamb, 1988). 또한 어머니와 안정된 애착을 형성한 영아는 보육교사와도 안정된 애착을 형성할 수 있어 긍정적인 사회·정서적 발달을 기대할 수 있다는 연구결과도 있다(Howes et al., 1988; Oppenheim, Sagi & Lamb, 1988). 이러한 연구결과들은 오랜 시간 보육시설에서 지내는 영아가 보육교사와 애착관계를 형성할 경우 영아의 사회 정서발달이 양호해진다고 하여 보육교사와의 관계가 중요함을 보여 주고 있다(Howes & Rubinstein, 1985; McCartney, Scarr, Phillips & Schwarz, 1982; Pellegrino & Scopeci, 1990).

한편, 영아보육의 확대는 영아의 또래관계에 대한 관심을 증대시키고 있다. 또래관계는 일차적이고 수직적인 관계인 부모나 교사 등 성인과 달리 자발적이고 수평적이며(이은해, 2000), 평등하기 때문이다(Furman & Buhrmester, 1985). 즉 부모나 교사는 어떠한 행동을 해 줄지 예측이 가능하고 반응적인 반면, 영아의 상호작용은 예측하기 어렵고 서로 도전적이며 쉽게 좌절하기 때문이다. 그럼에도 불구하고 영아들도 나름대로 또래관계를 형성하는 것이 발견되면서 최근 이에 대한 학문적인 관심이 증가하고 있다. Bleiker(1999)와 Field(1991)가 한 보육시설 영아에 대한 관찰연구에서 영아들은 또래와 미소 짓고, 서로 응시하고, 신체적 접촉을 하는 등 사회적인 행동을 보였으며 개인차가 있음을 보고한 것이 그 예이다.

영아의 또래관계에 영향을 미치는 요인은 영아의 기질, 형제유무, 어머니나 교사의 존재여부, 또래와의 이전 경험여부, 친숙도의 정도, 흥미 있는 놀잇감 등인데(Field, 1991, 박성연, 이영, 역 1997), 이러한 요인으로 인해 또래관계에서의 개인차도 나타난다. NICHD(2001)는 24－36개월 된 영아를 대상으로 또래관계에 영향을 미치는 요인을 연구한 결과 영아의 특성 중 성, 연령, 기질, 인지능력, 언어능력이 영향을 미쳤으며, 보육경험의 특성 중에는 보육시설 이용시간, 보육교사의 반응도와 민감성, 보육시설에서의 또래접촉 정도가 영향을 준다고 보고하였다.

또래 간 상호작용은 성인과의 상호작용 못지않게 영아의 사회, 정서, 인지발달에 영향을 주는 것으로 보고되고 있다. 또래관계는 성공적인 사회적 상호작용의 기본임으로 어려서부터 사회적 지원과 안정감을 느끼게 하고, 발달수준에 맞는 사회적 기술을 훈련시키면 자아개념도 발달시킬 수 있다(Bukowski & Hoza, 1989). 또한 영아기 또래관계에서 나타나는 사회적 유능감은 성장 후 심리적 적응 정도를 예측할 수 있는 요인이 된다(Coie, Terry, Lenox, Lochman & Human, 1998; Morrison & Masten, 1991; Parker－Cohen & Bell, 1988).

현대사회의 변화는 아주 어린 연령에서부터 영아가 가정 대신 보육시설에서 양육 받게 만들고 있음으로 영아의 생활 패턴도 바뀔 수밖에 없다. 영아들은 주변 환경에 적응해야 하고, 교사 및 또래들과 상호작용해야 하며, 많은 시간을 보육시설에서 부모 이외의 사람들과 보내야 한다. 과거에는 가정에서 부모의 사랑을 충분히 받다가 유아기에 들어서야 다른 사람과 관계를 맺었지만, 이제는 영아기부터 교사 및 또래들과 다양한 인간관계를 경험해야 하므로 보육시설에서 일어나는 사회적 관계를 연구할 필요성이 대두되었다.

특히 유능한 영아(competent infant)라는 용어가 생길 정도로 영아에 대한 최근의 연구 결과들은 영아의 능력을 인정하고 있다. 즉 아주 어린 영아들도 자신의 의도와 요구를 표현하고 상대방의 행동에 영향을 주려고 시도하며(Hay, Pederson, & Nash, 1982), 환경에 대해 상호호혜적인 관계를 이끌어 내는 유능한 존재라는 것이다. 이와 같이 영아가 갖고 있는 능력에 대하여 새로운 관점이 제기되는 상황에서 삶의 환경 변화에 따른 사회적 관계의 변화와 그 변화에 대응하는 영아의 세계를 본 연구에서 살펴보고자 한다.

사람과 사람 간의 관계를 이해하기 위해서는 개인의 특정 행동보다는 상호교환의 형태, 내용, 행동의 변화 등이 포함된 연속적인 장면에서 이면의 동기나 상황을 이해하고 이를 해석할 필요가 있다. 즉 어떠한 행동이 언제, 왜, 누구를 향하여 일어나며, 시간과 상황에 따라 어떠한 변화를 나타내는지에 대한 관심이다. 이는 사람과의 관계에 대한 단편적인 이해가 아니라 총체적인 해석이라고 할 수 있으며, 이를 통해 영아반에서 일어나는 다양한 사회적 관계에 대한 이해의 폭을 넓힐 수 있는 자료 탐색이 요구된다.

본 연구에서는 어린이집 1세 영아반 일과 중 상호작용이 가장 원활하게 일어나는 자유놀이 시간 동안 영아가 교사, 또래와 어떠한 관계를 형성하는지를 알아보기 위하여 일 년 동안 참여 관찰하여 영아와 교사, 영아와 또래 사이의 장기적이고 누적적으로 연결되는 관계와 그 관계에 영향을 미치는 다양한 맥락 및 과정을 살펴보고자 한다. 이러한 연구를 통하여 영아보육현장에서 영아의 교사와 또래관계에 대한 새로운 이해를 토대로 보다 질 높은 보육을 제공할 수 있는 기초자료를 제공하고자 한다.

2. 영아의 교사 및 또래관계에 관심을 갖게 된 나의 경험

1) 상호이해를 바탕으로 한 관계 맺기에 대한 나의 경험

사람과 사람이 만나 관계를 형성하는 동안 상대방과 같은 경험을 공유하고 있다면 작은 노력으로도 수월하게 좋은 관계를 맺을 수 있다. 그리고 함께 생활하는 사람들과 서로 이해하고 도움을 줄 수 있는 관계를 형성한다면, 서로의 이해를 통해 더욱 보람되고 행복한 생활을 할 수 있음을 나는 그동안의 경험을 통해 알았다.

엄마가 되고 뒤늦게 대학원에서 공부하면서, 아이의 양육이 내게는 커다란 어려움이던 때가 있었다. 대학원 수업은 일주일에 사흘 동안 3시간, 일주일간 수업시간은 모두 9시간으로 분명 그리 긴 시간은 아니었지만 내게는 짧은 시간도 아니었다.

가까운 곳에 살며 아이를 돌봐 주던 친정어머니가 여행을 계획하시며 들뜬 모습을 보일 때 내 머릿속은 잠시 엉킨 실타래 같아지곤 했다. 이른 시간에 시작되는 수업을 듣기 위해 한 손에는 책가방, 또 한 손에는 아이를 위한 물품으로 가득 찬 가방을 들고 아직 잠에서 깨지 않은 아이를 안고 집을 나섰다. 일 년에 한두 번쯤은 더 멀리 아이를 맡기러 광주 시댁에 가는 것도 마다하지 않았다. 일주일 동안 단 9시간 수업을 듣기 위해 아이와 나는 비행기나 기차를 타고 시댁 나들이를 했다. 아이는 거리가 멀어 자주 만날 수 없던 할아버지, 할머니가 낯설어 울지만, 아이를 시댁에 두고 나는 별로 걱정하지 않으면서 집으로 돌아올 수 있었다. 왜냐하면 아이가 오랜만에 할아버지·할머니를 만났지만, 시아버지와 시어머니에게 첫 손자인 아이는 세상에 둘도 없는 가장 친밀한 관계의 가족이기 때문에 곧 괜찮아질 것이라는 믿음이 있었다. 일주일 동안 수업을 모두 마치고 아이를 데리러 시댁에 가면, 짧은 시간이었지만 시부모님은 아이에게 할아버지·할머니라는 혈연관계를 바탕으로, 민감하게 아이의 작은 움직임 하나도 놓치지 않고 돌보아 주었음을 알 수 있었다. 아이의 손짓, 몸짓의 의미를 이해하고는 내게 아이의 마음을 정확하게 설명해 주셨다. 나는 아이를 맡기기 위해 아이와 어떤 관계인가를 생각하면서 가장 신뢰할 수 있는 관계 중 혈연관계를 우선으로 멀리 광주 시댁이나 친정집을 오가며 아이를 키웠다.

지금처럼 주위에 많은 어린이집이 있었다면, 과연 내가 갈등하지 않고 아이를 맡길 수 있었을지 의문을 가져 본다. 내가 바람직한 환경의 어린이집에서 근무했으면서도 선뜻 대답하지 못하는 이유가 무엇인지 잠시 생각해 본다. 먼저 머리에 떠오르는 것은 아이와 선생님의 관계가 할머니나 이모처럼 편안할지, 서로 이해하는 일이 어려운 어린 나이에 다른 또래들과 부딪치면서 아이가 잘 지낼 수 있을지 확신할 수 없어서였다.

어린이집에서 원장으로 근무하던 첫해, 아이들이 힘들게 적응하는 시기에 아침마다 울고 떼쓰며 엄마와 헤어지기 힘들어하는 아이를 교실에 남겨 두고 출근하는 엄마의 어깨가 축 처지는 날이 반복되던 학기 초의 일이다. 엄마는 무거운 발걸음을 옮겨 직장으로 향하고 교실에서 엄마를 찾으며 우는 아이를 보면서, 마음 졸이며 아이를 키우던 나의 경험이 또렷하게 생각나서 나는 아이보다도 우는 아이를 두고 출근하는 엄마의 마음이 더욱 안쓰러웠다.

우는 아이와 헤어진 엄마에게 전화를 하였다. 처음 전화를 받는 엄마들은 모두 한결같이 "소영이가 아직도 많이 울지요?"라면서 전화기 너머 들려오는 엄마의 목소리도 아이처럼 곧 울듯 했다. 잠시 통화하면서 "어머니! 아침에 혹시 어머니도 소영이처럼 울고 싶었던 것은 아니지요? 지금은 소영이가 언제 울었나 싶게 웃으면서 잘 놀고 있어요. 선생님과 밀가루 점토 놀이하면서요……"라고 선생님의 관심을 받으며 잘 지내는 아이의 소식을 전해 주면, 엄마들은 보이지 않는 내게 고개 숙여 고맙다는 인사를 할 듯했다. 이렇게 짧은 한 통의 전화로도 소영이 엄마와 나는 학부모와 원장이 아닌, 아이를 키우며 일하는 '우리'라는 친밀한 관계를 맺을 수 있었다.

아이를 키우는 엄마로서 공부하고, 일하던 나의 경험 때문에 엄마들이 아이를 선생님 품에 안기고 어린이집 문을 나서는 마음을 나는 충분히 알고 있었다. 이러한 공감대는 학부모들의 요구를 보다 민감하게 이해할 수 있는 터전이 되었으며 이를 통해 학부모와 더욱 정이 두터워지는 관계를 형성할 수 있었다.

'우리'라는 관계를 형성하고 나면, 엄마는 아이를 친정 언니에게라도 맡기는 듯 매일 아침 엄마를 잡는 아이의 손을 놓으면서 훨씬 가벼운 마음으로 어린이집을 나섰다. 내가 어린이집 학부모들과 가족처럼 아이를 믿고 맡기는 관계를 유지할 수 있었던 이유는 나의 경험을 통해 그들이 힘들어하는 이유를 잘 알고 있어서, 그 마음을 진심으로 이해하고 도움을 주고자 노력했기 때문이었을 것이다.

그렇지만 유치원으로 직장을 옮긴 뒤에는 학부모들과 마음을 주고받는 관계를 맺는 데 걸림돌이 있었다. 대부분 전업주부로서 시간적인 여유가 많은 유치원 학부모들이 '유치원 운영 시간이 짧다, 방학이 길어 힘들다'는 불평을 하면 전적으로 공감할 수 없었다. 왜냐하면 나는 일하는 엄마로서 하루일과 중 퇴근 후 짧은 시간 동안 아이와 만나는 것이 정말 행복하고 좋았기 때문이었다.

그런데 그 이후 하던 일을 접고 아이 곁에서 1년을 지내는 동안, 유치원에서 만난 많은 학부모들을 이해하지 못했던 지난 일들이 미안하기만 하였다. 그들은 전업주부로서 자신만의 시간을 갖고 싶고, 가족 이외의 다양한 사람과도 관계를 맺고 싶은 또 다른 욕구가 있다는 것을, 나 역시 그들과 같은 생활을 해보고서야 알게 되었다. 다시 유치원으로 돌아가 예전 학부모들을 만난다면, 나는 그들과도 진심으로 마음을 주고받고 맞장구치면서 이야기를 나누고 싶다. 어린이집에서 종종걸음으로 양육과 일 사이에서 지친 엄마를 온 마음으로 이해했던 것처럼, 전업주부로서 자신을 찾고자 하던 유치원 학부모들과도 진심으로 서로의 마음을 털어놓고 '우리'가 되어 '이제는 좋은 관계를 가질 수 있을 텐데……' 하는 뒤늦은 아쉬움을 가져 본다.

2) 영아들의 관계 맺기에 관심을 갖게 된 나의 참여 관찰 경험

본 연구를 시작하는 2005년 3월, 영아의 놀이에 관심을 갖고 참여 관찰을 시작하였다.

준혁이는 유진이의 책을 빼앗다가 빼앗기지 않으려고 책을 움켜쥔 유진이를 밀었다.
유진: (울면서 교사에게 다가간다.)

교사: (유진이를 위로하기 위해 안아 준다.)
유진: (교사의 품에 안겨 잠시 있다가, 창의영역으로 가 새로운 놀이를
    시작한다.)
성균: (그림책을 들고 교사 곁으로 와 그림책을 한 장씩 넘기고 손가락
    으로 그림을 가리키며 교사의 얼굴을 쳐다본다.)
호진: (성균이를 따라 동물 그림책을 들고 교사 곁으로 가 앉는다.) 무
    꼬기야.
교사: 응, 물에서 헤엄치는 물고기네 (웃는다.)
정우: (빨간 스카프를 얼굴에 대고 교사 앞으로 다가간다.) 까꿍
교사: 정우, 까꿍

(2005. 7. 8.)

어린이집 만 1세 영아반 자유놀이 시간이었다. 유진이가 놀잇감을 가지고 놀려고 할 때 준혁이가 그 놀잇감을 휙 채어가자 놀잇감을 빼앗긴 유진이는 교사에게 다가가 자신의 감정을 위로받았다. 정우는 까꿍 놀이를 하기 위한 놀이 대상으로 교사를 택하고 함께 놀고 싶어 했다. 친구 곁에서 그림책을 보던 호진이는 성균이가 교사에게로 다가가자 자기도 그 또래를 따라 교사 곁으로 갔다. 이처럼 영아들은 엄마 대신 교사와 함께, 또래와 형제처럼 지내고 있었다.

예전 어린이집에서 근무하던 때, 봄볕이 익숙해질 무렵이었다. 너무 조용한 영아반 교실 앞에서 의아한 마음으로 문을 열어 보았을 때, 아이들 모두가 마술에 걸린 것이 아닌가 하는 신기함이 들 만큼 아이들 모두는 제각기 놀이에 몰두하고 있었다. 짧은 시간이었지만, 그 정지된 장면은 지금도 내 머릿속에 선명하게 남아 명화의 한 장면처럼, 오랜 시간이 지나도 아직 또렷하게 기억이 난다. 보살펴 주어야 하는 존재로서의 영아가 아니라 놀잇감과 또래

친구, 교사와의 관계 속에서 스스로 노는 주체적 존재로서의 영아를 기억하게 하는 경험이었다. 그런 나의 현장 경험을 토대로 한 해 동안 영아들의 놀이 특징, 아이들의 발달에 따른 놀이 변화를 보고 싶었다. 그래서 한 해 동안 보육시설에서 어느 연령보다도 많은 발달을 이루는 영아들의 놀이 활동에 대해 잔뜩 호기심을 갖고 영아반 교실 문을 두드렸다.

보육교사 2명과 10명의 영아가 생활하는 하늘반을 참여 관찰하면서 나의 입가에는 늘 가벼운 미소가 번졌다. 아이마다 얼굴 모습이 다르듯이, 아이들은 똑같은 놀잇감으로 제각기 다른 놀이를 재미있게 하기 때문에 놀이내용을 열심히 관찰하는 동안 시간은 훌쩍 지나갔다. 학기 초부터 오랫동안 교구장에 제시되었던 북과 북채를 가지고 노는 아이들의 활동은 너무나 다양했다. 여러 날 동안 북채로 북 대신 바닥을 두드리는 형주, 북과 북채를 번갈아 바닥에 굴리며 놀다가 나중에는 더 멀리 북과 북채를 굴리는 성균, 힘차게 북을 쳐서 북소리로 교실 안을 가득 채우는 호민, 동시에 두 개의 북과 두 개의 북채로 소리를 내면서 입술을 움직여 노래 부르는 흉내를 내는 영서, 북을 이용해 소리를 내기보다는 그저 퍼즐을 맞추기 위해 북을 퍼즐 선반으로 즐겨 사용하는 유진이…… 똑같은 놀잇감으로 제각기 다르게 노는 아이들을 보면서 개별 영아의 놀이 특성, 놀잇감에 대한 다양한 반응 등에 나의 관심이 집중되었다.

시간이 지나 차츰 더위가 시작될 무렵, 영아들은 개별적으로 놀기보다는 또래와 만나고 헤어지는 관계를 반복하면서 놀이 이외에 두드러지게 눈에 뜨이는 모습을 볼 수 있었다.

　　영아들은 울거나 손짓, 몸짓으로 교사에게 자신의 의사를 표현할 때 교사가 반응을 제대로 하지 못하면, 고개를 가로젓거나 큰소리로 엄마를 부르며 울었다. 그런데 시간이 지나면서 교사는 영아들의 손짓, 몸짓만 보아도 영아의 요구를 정확하게 이해하고 도움을 주었다. 그렇듯 하루하루가 지나면서 영아는 차츰 작은 어려움에도 교사에게 쉽게 다가가고 있었다. 봄부터 여름 무렵까지 단순한 수준의 언어표현이나마 가능한 영아가 그리 많지 않았지만, 하루 종일 영아들은 알 수 없는 소리와 함께 손짓, 몸짓으로 교사에게 자신의 마음을 표현하였고 교사는 또렷한 말로 영아의 몸짓언어를 이야기해 주고 있었다. 교사만이 언어로 표현하고 있었지만 영아와 교사는 많은 이야기를 나누고 있었다. 영아반을 방문하는 다른 성인들은 파악하지 못하는 영아의 손짓, 몸짓 표현을 교사는 영아의 마음속에 드나들기라도 하는 듯 "아! 지금 ○○가 ~" 하면서 영아의 마음을 정확하게 언어로 표현해 주었다. 그러면 울던 영아는 울음을 멈추고, 자신의 마음을 교사에게 한 번 더 손짓, 몸짓으로 표현하는 무언의 극을 보여 주었다. 교사는 영아에게 언어로 응답하며 수차례 대화를 주고받았다. 그런 모습을 보면서 나는 그들만의 독특한 의사소통 세계가 있음을 알게 되었다.

호민이가 교실 문으로 다가가 울면서 손으로 교실 문을 가리킨다.
박 교사: (호민이에게 다가간다.) 호민아, 왜 울어? 응, 아빠는 회사에
　　　　가셨지?
호민: (고개를 끄덕이며 박 교사를 바라본다)
박 교사: 아빠가 회사에 가셔서 호민이는 아빠가 보고 싶구나!
호민: (고개를 끄덕이며 울음소리가 작아진다.)
박 교사: 아빠가 회사에 가셨다가 호민이 데리러 어린이집에 오실거지?

그렇지요?
호민: (고개를 끄덕이며 박 교사가 팔을 벌리자 품에 안긴다.)
박 교사: 호민아! 우리 다른 친구들은 뭘 하고 노나 한번 볼까?(박 교사
　　　는 품에 안긴 호민이를 무릎 위에 앉게 한다.)
교실 밖을 향하던 호민이의 시선은 자연스럽게 교실 안으로 향하고 또래
의 놀이를 지켜본다.

(2005. 4. 3.)

한편 영아들은 저희들만의 독특한 관계를 형성하고 있었다. 특정한 또래에게는 놀잇감을 빼앗기거나 자신의 놀이를 방해받아도 별로 저항하지 않지만, 또 다른 또래에게 놀잇감을 빼앗기면 교실 안을 한 바퀴 돌아 끝까지 따라가 뺏긴 놀잇감을 가져왔다. 모든 영아가 호감을 갖고 항상 손을 내밀면서 놀고 싶어 하는 아이가 있는가 하면, 또 어떤 영아는 다가오는 것조차 허용하지 않고 절대 '함께'하지 않으려는 아이도 있었다. 어떤 영아에게 마지못해 놀잇감을 빼앗기고도 싫은 내색을 하지 못하고, 그 뒷모습에 손을 휘두르거나 발로 차며 자신의 화난 감정을 표현하는 아이도 있었다.

종서가 사다리차를 잡으려 한다.
정우: 앙대 (종서의 사다리차를 빼앗는다.)
종서: (정우에게 사다리차를 주고 다른 자동차를 잡는다.)
정우: (종서에게 빼앗은 사다리차를 바닥에 던진다.)
호민: (정우가 던진 사다리차를 얼른 들고 언어영역 매트로 가서 바닥에
　　　굴리며 논다.)
유진: (자동차 3대를 안고 놀이집 안으로 들어간다. 놀이집 안에서 자
　　　동차를 나란히 놓는다.)
정우: (놀이집 안으로 들어가 자동차를 만지려 한다.)
유진: 아이야, 아이야 (자동차 3대를 모두 품에 안고 놀이집 밖으로 나
　　　온다.)
정우: (더 이상 자동차에 손대지 않지만 유진이의 자동차 놀이를 관심

성균: (한 쪽 슬리퍼만 신고 교실을 돌아다닌다.)

(2005. 8.16.)

교실이란 일정한 공간에서 일 년 동안 함께 지내는 영아가 어떤 아이에게는 결코 놀잇감을 빼앗기지 않고, 또 어떤 아이에게서는 빼앗긴 놀잇감을 되찾아오고, 놀잇감을 빼앗으려는 어떤 영아에게는 자신의 화난 감정을 공격적으로 표현하였다. 그러나 또 다른 영아에게는 그저 묵묵히 놀잇감을 빼앗기면서도 참기만 하는 또래관계가 형성되어 있었다. 영아들은 또래와 함께 5-6개월 생활하는 동안 또래의 행동을 예측할 수 있게 되면서 나름대로 또래에 대한 자신의 반응을 결정하였다.

영아와 교사, 영아와 또래관계가 항상 같은 듯하면서도 점차 시간이 지나고 참여 관찰 기록물이 쌓여 가면서 일정하게 형성된 관계의 틀 안에서 조금씩 변화되는 모습이 눈에 보이기 시작했다. 개별적으로 자신의 놀이를 즐기던 영아들이 시간이 지나고 더위가 시작되던 6월이 되면서, 나는 영아가 또래와 일정한 관계를 형성하고 그 관계가 어느 정도 지속되는 것을 발견하였다. 나의 관심은 영아의 놀이에 나타난 영아와 교사, 영아와 또래와의 관계로 자연스럽게 바뀌었다. 영아들이 노는 동안 어떤 경험을 통해 교사, 또래와 다양한 관계를 형성하고 그 관계가 지속되는 것인지 알고 싶었기 때문이었다.

사람 사이의 관계란 하나의 단순한 개념이나 사상이 아니고 일상생활에서 벌어지고 있는 관찰 가능한 현실적 상황이고 직선적, 일방적, 누진적인 인과관계 그 이상이다(이재창, 임용자, 2002). 따라서 영아와 교사, 영아와 또래와의 관계 형성에 대한 탐색은 긴 시간 동안 조금씩 일어나는 작은 변화를 살펴보는 일부터 시작되어야 한다고 생각했다.

B 연구문제

영아와 교사, 영아와 또래와의 관계가 형성되는 과정을 파악하기 위해 연구자는 영아반 학급이 구성된 2005년 3월부터 다음 연령의 학급으로 바뀌는 2006년 2월까지 어린이집 영아반의 자유놀이가 이루어지는 교실, 신체활동실, 실외 놀이터에서 1년간 참여관찰하였다. 연구문제는 다음과 같다.

첫째, 놀이상황에서 영아와 교사와의 관계는 어떻게 형성되며 그 의미는 무엇인가?

둘째, 놀이상황에서 영아와 또래의 관계는 어떻게 형성되며 그 의미는 무엇인가?

C 용어의 정의

본 연구에서 사용한 용어의 정의는 다음과 같다.

1. 놀이

본 연구에서 놀이란 하루일과 중 오전 간식 이후에 시작하여 점심식사 이전까지 실내의 교실, 신체활동실 놀이와 실외놀이터에서 이루어지는 2시간 동안의 활동을 말한다. 이 시간 동안 영아는 계획적인 집단 활동을 하지 않고 참여인원에 대한 제한도 받지 않으며 자유롭게 논다. 학급의 모든 영아가 특정한 놀이영역에 참여하기도 하고 영아의 개별적인 요구가 적극 반영되기도 한다.

2. 영아의 교사 및 또래관계

본 연구에서 관계란 영아와 교사, 영아와 다른 영아 간에 발생하는 일정한 패턴의 상호작용을 의미한다. 인간관계는 두 사람 혹은 그 이상의 사람들이 역동적으로 상호작용할 때 형성되기 때문에(이형득, 1982), 본 연구에서는 영아와 교사, 영아와 다른 영아가 서로 원인과 결과가 되며(Hinde, 1979) 상호작용하는 동안 형성되는 관계를 의미한다.

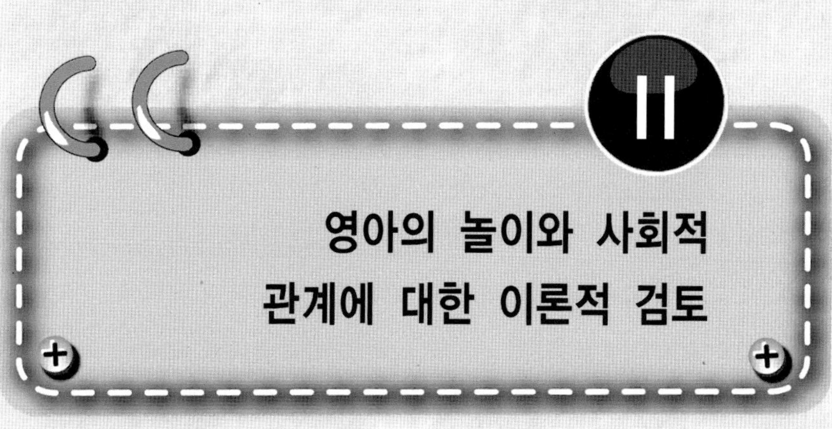

II
영아의 놀이와 사회적
관계에 대한 이론적 검토

A 영아 발달과 놀이

1. 영아 발달

어린이집 1세 영아반에 재원하는 영아는 월령에 따른 발달의 차이가 많으며, 개인차도 크다. 그렇지만 이 시기 영아는 걷기와 말하기를 시작하면서 성인에게 덜 의지하려는 첫 신호를 보내는 공통된 경향을 보인다.

영아들은 신체적인 발달로 자유롭게 움직일 수 있게 되면서 세상에 대해 주체적으로 성장한다. 따라서 영아기는 자신의 세계를 능동적으로 만들어 가면서 진정한 의미의 자율성을 획득하는 시기라고 할 수 있다. 영아들은 새로운 기술을 익히고 획득하기 위해 끊임없이 신체활동을 반복하는데 이런 반복적인 활동으로 영아들의 신체적 조절능력이 향상된다. 영아들의 인지발달도 영아들이 탐색행동 과정에서 형성된다(Hughes, 1995).

영아기 발달에서 가장 중요한 부분은 영아 자신에 대한 인식으로 영아에게 중요한 발달적 이정표가 된다(이영, 1999). 초기에는 자기주장으로 무조건 "싫어", "아니야"를 사용하지만, 점차 언어능력이 발달되면서 사회적 기술을 획득한다. 또한 영아들은 충동 억제가 어렵고 즉각적인 만족을 요구한다(이영, 이미화, 1993). 이러한 충동들은 영아의 발달특성으로 1세 영아반 교실에서 교사들이 개별 영아의 관심과 요구를 우선적으로 수용하게 되는 이유이다.

또래와의 상호작용은 1세를 전후해서 나타나는데(이강이, 1998), 이 시기는 사회적 상호작용이 나타나는 초기 단계이다. 이 시기의 영아들은 또래와의 사회적 관계가 익숙하지 못하기 때문에 혼자 노는 경우가 많다. 또래와 놀 때 친구를 물건처럼 밀고, 두드리고, 잡는 행동을 하는 것은 좋은 예이다. 이 시기의 영아들은 최초의 사회적 관계를 형성하는 어머니나 성인과의 관계로부터 점차 또래와의 관계로 그 비중이 옮겨간다(Finkelstein, Dent, Gallacher, & Ramey, 1978). 이때 놀잇감은 또래와 상호작용하는 중요한 매개체가 된다. 즉 영아들은 놀잇감을 가지고 노는 동안 또래와 상호작용을 시도한다. 영아가 다른 영아에게 매력을 느끼는 것은 그 또래가 가진 놀잇감이나 사물에 대한 매력 때문이다(Muller & Brenner, 1977).

또한 2세경에는 어휘수가 급격히 증가하여 사물의 이름, 행동, 부정을 표현하는 등 '폭발적 팽창시기'를 맞이하게 된다(이영자, 이기숙, 1995). 한국의 18 - 29개월 영아가 표현할 수 있는 어휘는 평균 276개였으며, 29개월의 영아는 482개의 어휘를 표현하였다

(최은희, 2000). Fenson과 동료들(1994)은 20개월 영아는 50단어 정도를 표현할 수 있고, 이 시기 이후에는 거의 매일 새로운 표현 어휘를 추가한다고 하였다. 24개월경인 영아는 단어를 조합하여 구조화된 언어인 두 단어 문장을 사용하여 자유로운 언어표현을 구사하기 시작한다. 30개월경에 여아는 약 600개, 남아는 540개의 단어를 말할 수 있고, 세 개의 단어를 조합하고 의문문과 부정문을 말할 수 있게 되면서 완전한 문장에 가까운 표현을 할 수 있다(Hoff‒Ginsberg, 2001; 이영자 외, 1997).

영아는 타인을 독립적인 존재로 인식할 수 있으며, 또래와의 상호작용이나 자아 통제력이 증가하고, '소유 개념'이 생겨서 내 것과 남의 것을 구별할 수 있게 된다. 그러나 다른 한편으로는 자기중심적인 사고가 강하게 작용하여 다른 사람의 견해를 이해할 수 없거나, 자기 것에 대한 소유욕이 강하게 발동하여 놀잇감을 나누어 쓰는 것이 대단히 어렵다(이영자, 이기숙, 1995).

2. 영아 놀이

영아에게 놀이는 삶이자 자발적인 학습 수단이며, 놀이를 통하여 주변의 인적, 물적 환경과 다양한 상호작용을 맺으면서 폭넓은 경험을 하게 된다. 따라서 놀이는 영아의 흥미를 지지하여 전인적 인간으로 성장하는 데 중요한 매개가 된다.

생후 2년 동안 영아는 신체를 통해 세상을 알게 되는 감각운동기(sensory motor period)로서 감각운동 놀이는 단순한 즐거움을 위한 복합적인 신체적 행동이다(Judith Van Hoorn, 2003). 이 시기 영아들은 사물을 가지고 능동적으로 탐색하고 노는 데 많은 시간을 보내며, 어떤 시기보다도 발달이 급속하다(Bredekamp & Copple, 1997).

영아의 발달 영역 가운데 사회적 행동에 관한 연구들을 살펴보면, 응시·웃음·미소 등의 대면 행동이 초기에 가장 많이 나타나고, 그 후 음성화·접근·접촉 등이 나타나며 놀잇감을 갖고 노는 행동·탐색행동·놀잇감을 주고받거나 함께 노는 행동 등은 생후 1년 이후부터 점진적으로 나타난다. Jacobson(1981)은 영아의 연령이 증가하면서 상호작용하는 놀이를 많이 한다고 하였다. Howes(1989)는 영아기를 포함한 유아기의 사회적 놀이를 <표 1>과 같이 다섯 단계로 분류하였다.

〈표 1〉 영·유아기 사회적 놀이

단계	놀 이 범 주	놀 이 형 태
1	병행놀이 (parallel play)	다른 영아와 동일한 놀이를 하지만 또래에게 관심을 보이지 않는다.
2	호의적 병행놀이 (parallel play with mutual regard)	또래와 동일한 놀이를 하면서 눈을 맞추는 등 호의를 보이지만 상대에게 말을 거는 사회적 시도는 하지 않는다.
3	단순 사회적 놀이 (simple social play)	또래와 동일한 놀이를 하면서 미소 짓기, 이야기하기, 놀잇감 빌려 주기 등 사회적 접촉을 한다.
4	보충적 놀이 (complementary social play)	또래와 협력해서 놀이하면서 서로를 인식할 뿐 사회적 지지를 얻으려고 노력하지 않는다.
5	상호 호혜적 놀이 (complementary and reciprocal social play)	또래와 협력하고 놀이하면서 사회적 지지도 얻기 위하여 노력한다.

한편 Winter(1985)는 생후 25 – 34개월 영아를 대상으로 사회적

놀이를 <표 2>와 같이 분류하였다.

<표 2> 영아기 사회적 놀이

단계	놀 이 범 주	놀 이 형 태
1	독자적 놀이 (independent play)	또래와 멀리 떨어져서 서로 외면하고 혼자 논다.
2	근접놀이 (proximal play)	또래와 가까이 놀지만 혼자 논다.
3	연관놀이 (relation play)	또래놀이에 동참하지 않지만 언어적, 비언어적으로 의사소통한다.
4	상호작용 놀이 (interactive play)	한 명 이상의 또래와 동일한 놀이를 하면서 대화를 나눈다.

Winter(1985)는 자신의 분류체계로 영아의 실외놀이를 관찰한 결과 영아의 60.9%가 근접놀이를 했고 상호작용 놀이를 하는 영아는 3%에 불과하다고 하였다. 영아놀이의 인지적 발달에 도움이 되는 기능놀이는 특별한 목적을 갖지 않고 단순히 근육활동을 즐겁게 반복하거나 모방하는 놀이로 영아기에 나타난다(박찬옥, 정남미, 임경애, 2004). 기능놀이를 하는 동안 영아들은 주변 세계에 대한 정보를 획득하며 주변 사물들 간의 관계가 어떻게 형성되는지 배우게 된다.

영아는 생의 초기에 자신의 신체를 움직이고, 만지고, 빠는 미분화된 놀이로부터 차츰 여러 가지 감각 기관을 이용하여 자신의 신체가 아닌 외부 물체를 탐색하거나 조작하는 놀이를 거쳐 가작화 요소가 담긴 상징놀이를 하게 된다. 생후 1-2년 사이에 나타나는 상징놀이의 출현은 몇몇 영역에 전반적으로 사용되는 상징의 발달과 관련이 있는데, 상징 그 자체도 중요한 발달 측면이다(Watson

& Jaclcowit, 1984). 상징놀이는 감각 운동적 지식에서 정신 표상적 지식으로 전환되었음을 보여 주는데, 이는 전조작기 놀이의 본성이라 할 만큼 중요한 놀이 형태이다. 이러한 상징놀이는 가작화 요소가 개입되기 전에 영아가 정서적으로 자신의 희망을 성취하도록 하고, 불쾌한 감정을 표현할 수 있는 기회를 제공하며, 인지적으로 표상적 사고를 출현시킨다(Piaget, 1962).

Winter(1985)는 영아기에 나타나는 인지적 놀이를 <표 3>과 같이 분류하였다.

<표 3> 영아기 인지적 놀이

단계	놀이범주	놀이형태
1	반복 (repetition)	근육의 반복적인 행동을 수행하는 데 단순, 반복적인 활동을 유지하기 위해 노력한다.
2	통합(combination)	독립적인 근육 운동을 반복한다. 초기의 자극에 대해 자발적으로 근육운동을 하는 데 한 개나 그 이상의 사물을 대상으로 놀이한다.
3	구성(constructive)	자신의 놀이에 예측하는 목표나 가설이 있다.
4	전환(conversion)	구체적인 사물을 다른 사물로 상징하여 노는데, 존재하지 않는 사물이나 구체적인 다른 용도의 사물로 가작화한다.
5	물활화(animation)	무생물체를 생물체인양 가정하거나 조작하면서 놀이한다.
6	역할놀이(role - play)	실제적인 인물이나 가상의 인물을 가장하여 놀이한다.
7	즉각적인 게임 (spontaneous games)	다른 또래와 놀이에 참여한다. 놀이의 상호작용은 자연스럽고 즉각적으로 규칙을 서로 이해하며 게임을 하는 동안 교대로 순서를 바꾸어 논다.

영아의 놀이에 대한 연구는 특히 걸음마기 영아기에 나타나는 상징놀이와 관련된 것이 많다. 영아기의 상징놀이에 대한 국내 연구를 살펴보면 1, 2세 영아의 상상놀이에 관한 연구가 많이 있다(김보현, 1999; 김영심, 2002; 유정화, 2003; 이지향, 2003; 임혜영, 1999). 이들 연구에서는 영아의 상징놀이가 고차원적인 인지적, 사

회적 놀이이므로 주목하고 격려해야 한다고 하였다. 또한 영아의 놀이행동에 기질, 가정환경, 부모양육태도, 보육시설의 질 등 영향을 미치는 다양한 변인을 밝히는 연구도 있다(김난실, 2004; 노희연, 2003; 서경혜, 2005; 이수연, 2001; 최서윤, 2003).

또한 영아의 놀이에서 또래와의 상호작용이나 교사의 개입, 어머니의 안정 애착 등 관계를 다룬 연구(마혜진, 2005, 임은혜, 2005)도 있다.

국외에서는 걸음마기 영아의 놀이 중 상징놀이에 관한 연구가 많이 이루어졌는데, 단순한 하나의 상징적 행동이나 상징행동이 복잡한 수준으로 연결되는 놀이까지 나타났다는 연구 결과가 있다 (Belsky & Most, 1981; Gowen, 1995; Gowen, Goldman, & Hussey, 1992).

B 영아의 사회적 관계

영아는 출생 직후 부모와 관계를 맺고 성장하면서 가정에서 보육기관으로 생활의 장이 변화되므로 부모에서 교사로, 형제자매에서 또래집단으로 사회적 관계의 범위가 확대된다. 영아가 최초로 사회적 관계를 형성하는 부모는 영아에게 안정감과 신뢰감을 바탕으로 다양한 사람과 관계를 맺을 수 있는 기반이 된다.

부모와 자녀 간 상호작용은 자녀의 사회적 능력 발달에 영향을 주고(Chen, Dong, & Zhou, 1997), 자녀 역시 부모에게 영향을 주는 양방적 관계이며 그중 영유아의 사회적 행동은 어머니와의 관계에 의해 가장 큰 영향을 받는다. 출생 후 최초로 접하는 어머니와의 관계를 통해 세계에 대한 지식습득과 사회화의 기초를 형성한다. 어머니는 영아가 타인과 의식적·무의식적으로 사회인지적 틀을 형성하는 데 큰 역할을 한다고 볼 수 있다.

Denham과 동료들(1991)은 2-4세 영유아와 어머니의 상호작용을 관찰한 결과 영유아의 어머니가 자녀에게 낮은 지지와 자율성을 줄 경우 또래와 상호작용하는 데 어려움을 경험한다고 했다. NICHD(1998) 연구는 보육시설에 다니는 24-36개월 된 영아들의 자기통제, 순응, 문제행동 가능성을 보다 일관성 있게 예측해 주는 변인은 보육의 질이 아니라 어머니의 민감하고 긍정적인 반응이라고 하였다. 3년 후에 실시된 NICHD(2001) 연구는 영아의 보육경험 및 개인적 특성, 어머니 특성과 영유아의 또래 간 상호작용 관련성을 살펴보았는데 영아의 또래 유능감을 가장 잘 예측해 주는 변인은 영아의 인지적·언어적 능력과 어머니의 민감성이라고 하였다. 민감하고 긍정적으로 반응해 주는 어머니일수록 영아의 또래 유능감이 높았다고 볼 수 있다.

그런데 현대 사회구조의 변화, 취업모의 증대(Joan Lombardi, 2003), 자녀의 교육적인 측면이나 발달적 이유로 비취업모의 자녀도 보육시설에 양육을 위임하고 있어(Capizzano & Adams, 2000) 영아들에게 보육시설은 일반적이고 일상적인 환경이 되었다(Anna, Bodil & Anderson, 1997). 이제 보육시설에서 하루의 대부분을 보내는 영아들은 교사에게 어머니 같은 애정과 관심을 기대하며 교사와 밀접한 정서적 유대를 필요로 한다. 영아기의 사회적 관계

중 가장 뚜렷한 발달은 영아가 특정인에 대하여 강력한 정서적 애착을 형성하는 것으로 영아가 교사와 안정적인 애착을 형성한다면 보육시설 경험이 사회적 발달에 미치는 결과에 대해 부정적으로 생각할 필요는 없을 것이다(이원영, 이영자, 박찬옥, 조형숙, 2001).

이제 영아는 부모는 물론, 어린이집의 보육교사 및 또래에 의해 발달에 영향을 받으며(Elicker & Fortner-Wood, 1995) 성장한다. 따라서 가정뿐 아니라 보육시설에서 영아가 경험하는 인간관계의 양과 질에 따라 독특한 자아를 형성하고 발달시키게 된다(이형득, 1982).

1. 교사와의 관계

보육교사는 어린이집 생활을 주도하는 성인으로서 하루 중 많은 시간 동안 영아와 함께 지내면서 영아를 위한 대리 양육자의 역할과 교육자의 역할을 수행하면서 발달에 결정적 영향을 미친다.

최근 연구는 영아와 보육교사 간 애착 행동이 영아와 어머니의 애착형성과 유사하다는 결과를 보고하고 있다(Howes, 1999; Cathryn L. Kelly, Susan J. Spieker & Tracy G. Zuckerman, 2003). Howes와 동료(1994)의 연구에서 보육교사는 어머니와 다르게 또래와의 상호작용에 능동적으로 참여하기 때문에, 보육교사와 애착을 형성한 영유아는 더 많은 지지를 받으며 낯선 또래와 별 어려움 없이 상호작용한다.

영아는 지속적으로 자신을 돌보아 주는 보육교사가 신체적인 측면만 돌보아 줄 때보다는 정서적으로 돌보아 줄 때 효과적으로 애착을 느낀다(Bowlby, 1982; Cathryn et al., 2003). 보육교사는 영아를 신체적·정서적으로 돌보아 주는 일을 반복하는 위치에 있음으로 애착을 형성하는 데 중요한 존재이다(Howes, 1999).

보육시설에서 생활하는 영아와 교사의 상호작용은 애착과 같은 사회·정서적 측면뿐 아니라 영아의 전반적인 발달에 중요한 기초를 제공해 준다. 이는 인생 초기에 경험한 양육자와의 상호작용 패턴이 이후 발달에도 중요한 영향을 미치기 때문이다(Pianta, 1997).

Greenberg(2000)에 의하면 걸음마기 영아를 돌보아 주는 보육교사는 신뢰할 수 있고 안정적이어야 할 뿐만 아니라 영아의 개인차에 맞추어 양육해 주어야 하고, 영아들의 부정적 감정을 표현할 수 있도록 하며 영아들의 또래 간 상호작용도 격려해야 한다. 교사와 유아 간 상호작용 유형에 따른 유아발달의 효과를 보려는 연구(Phillips, McCartney & Scarr, 1987)에서 유아교육의 질적 향상은 교사의 질, 특히 교사와 영유아 간 상호작용의 질에 의존하고 있다는 것을 알 수 있다. 특히, 연령이 낮을수록 교사와 영아 간 상호작용의 질은 더 중요하다. 특히 영아기와 관련된 상호작용에서 교사의 역할은 사회·정서적인 측면이 강조되고 있다. 영아반 교사는 영아와 애정적·긍정적인 상호작용을 통해 영아가 신뢰감을 형성하도록 해야 한다. 또한 교사가 영아와 오랫동안 풍부한 대화를 하는 것은 영아기의 빠른 어휘발달을 돕는 결정적 요인이므로 보육교사는 영아들과 자주 의사소통할 필요가 있다(Honig, 1985).

Holloway와 동료들(1988)은 영아와 교사의 상호작용에서 교사의 따뜻한 반응, 긍정적 반응, 의견 존중, 느낌이나 사고를 언어화해주는 행동이 영아를 격려한다고 하였다. 또한 유아와 영아의 차이점을 지적한 Keenan과 그 동료들(1988)은 영아교사는 영아와의 상호작용에서 비언어적인 의사소통을 해석하고 반응하는 능력이 중요하다고 했다. 주영희(2001)는 영아가 말하는 한 단어 표현은 간단한 형식의 언어 유형이지만 몸짓, 발성, 억양을 포함하는 상황이 첨가되어 그 기능이 소통적이며 상당한 의미를 내포한다고 하였다. 따라서 보육교사는 영아가 말하는 한 단어에서 많은 의미를 파악해야 할 것이다.

이처럼 영아와 교사와의 상호작용은 영아의 여러 발달을 촉진하며, 특히 사회적인 능력과 관련하여 또래 간 상호작용에도 영향을 끼친다(Belsky & Steinberg, 1997; NICHD, 1988). 보육의 질에 관한 연구는 영아기에 질이 낮은 보육시설에서 지낸 아이들은 학령 전기에 또래와 관계를 형성하는 것이 어려우며, 산만하거나 타인에 대한 배려가 낮고, 교사에게도 더 적대적인 행동을 보이는 것으로 평가되었다(Howes, 1990). 또한 놀이상황에서도 또래와의 관계가 원만하지 못하였고 목적 없이 방황하거나 교사의 관심을 얻기 위해서 경쟁적인 행동을 하였다(McCartney, 1984).

지금까지 살펴본 바와 같이 영아반 교사의 민감한 신체적·사회적·정서적 지지는 영아의 발달에 결정적인 영향을 미친다. 또한 영아의 발달적 특성을 고려해 볼 때, 영아는 적극적이고 독립적인 존재로 성장하면서 탐색하려는 욕구가 많으므로 교사는 영아의 이러한 욕구를 충족시켜 줄 수 있는 전문적 지식과 능력을 갖추어야 한다.

2. 또래와의 관계

보육시설에서 지내는 영아는 학급의 또래들과 오랜 시간 동안 함께 생활하면서 영아가 원하든 원하지 않든 또래에게 관심을 갖게 되고, 또래와 긍정적인 경험은 물론 부정적인 경험을 하면서 관계를 형성하게 된다. 영아가 또래와 상호작용하는 경험은 어머니 등 성인과 맺는 관계와는 다른 새로운 관계를 또래들과 맺게 하며 이들과 환경을 함께 탐색하는 행동을 하도록 고무시켜 줌으로써 능동적인 존재가 되게 한다(Bakeman & Adamson, 1984). 영아의 또래에 대한 관심은 생후 6개월에도 나타나는데 이때 영아는 또래의 정서를 이해하고 반응하는 양상을 보여서 상대방의 행동에 대해 수용 또는 비수용의 반응을 보인다(Hay, Pederson, & Nash, 1982). 영아의 사회성은 만져보고 미소 짓고 옹알이를 하면서 개인적으로 양육자와 영아가 따뜻하고 민감한 유대를 이루는 동안 2세쯤 되면 여러 명이 상호작용할 수 있는 단계로 발달한다(Vandell & Muller, 1995).

일부 학자들(Aureli & Procacci, 1992; Howes & Hamilton, 1993; Harper & Huie, 1985; Hoffman,1984)의 연구결과에 의하면, 보육시설에서 또래들과 상호작용하는 경험이 많았던 영아들은 성장한 후 사회적 유능감이 높으며 협동적이고 또래 지향적이었다. 반면 일부 학자들(Belsky, 1988; Park & Honig, 1991)은 출생 초기 보육을 경험한 영유아는 가정에서 양육된 영유아보다 위축되기 쉽고 성인에 대한 순응성이 낮으며, 신체적·언어적으로 더 공격적이고 비협조적이었다고 보고 하였다.

Catherine(1977)은 2세 영아들의 집단 놀이상황을 관찰해 본 결과 사회적 기술이 없는 영아들이 또래와 즐겁게 놀 수 있는 방법을 배우려면 성인의 지원이 있어야 한다고 하였다.

영아의 사회적 행동은 연령이 높고, 교사와 상호작용이 잘 이루어질수록 혼자 하는 활동에서 또래와 상호작용하는 시간이 점차 길어지고 또래와도 협동하며 놀았다(이현호, 1997).

Becker(1977)와 Muller, Brenner(1977)는 2세 미만의 영아가 익숙한 또래와 사회적 상호교환을 많이 하는 것은 단순한 성숙에 의해서가 아니라 관계에 대한 어떤 상호규칙을 획득하는 것과 연관이 있다(Holmberg, 1980)고 하였다. Finkelstein 등(1978)은 7 - 14개월과 15 - 31개월 영아가 교사 및 또래와 사회적 관계를 맺는 과정을 연구한 결과, 15 - 31개월 영아가 자신의 행동과 타인의 행동 간 연속성을 인식하는 것을 발견하였다. 즉 월령이 높은 영아일수록 연속적으로 자신의 행동을 조정하는 등 또래에 대해 반응을 많이 하였다. 2세 영아는 또래에게 쉽게 감정을 표현하고 또래의 행동을 따라 하기도 하고 경쟁하기도 한다고 보고하였다.

Vandell과 동료들(1988)은 또래 상호작용에서 영아들이 사람이나 사물에 보이는 행동을 6개월부터 18개월까지 종단적으로 연구하였다. 또래와 놀아 본 경험이 있는 생후 6개월 된 영아들은 소리 내고 접촉하려하거나 미소 짓는 등의 행동을 하며 또래와 상호작용을 시도 하였다. 동일한 영아를 대상으로 6, 9, 12개월에 또래 간 상호작용을 관찰한 결과 응시, 미소, 접촉, 음성화, 놀잇감 갖고 놀기 등의 5가지 범주의 상호작용이 점차 증가하는 것을 발견하였다. 그러나 부정적인 상호작용도 증가하였다. 영아는 생후 12개월이 지나면 또래에게 물건을 주거나 보여 주는 행동, 또래에게 요구나 바람을 표현하는 행동, 모방행동, 또래의 요구를 받아들이고 수행하는 행동을 보였다. 생후 1년 이후부터 영아는 언어교환능력을 갖게 되면서 행동이나 언어를 통한 정보교환이 가능해졌으며 놀잇감을 중심으로 함께 놀 수 있게 되었다.

Eckerman 등(1975)이 10－12개월, 16－18개월, 22－24개월 영아들을 관찰한 결과 연령이 증가할수록 영아들은 낯선 환경에서도 또래놀이에 참여하고 다른 아이가 갖고 있는 놀잇감을 만지며 관심을 보이는 행동을 하였다. 특히 22－24개월 영아들의 사회적 놀이 참여빈도는 10－12개월 영아보다 현저히 증가하였다.

Muller와 DeStefano(1973)는 영아가 처음에는 놀잇감 중심의 상호작용을 시도하다가 점차 놀잇감은 매개체가 되고 사람에게 초점을 두고 상호작용하게 된다고 보고하였다. 이와 같이 또래에 대한 영아의 사회적 행동은 성인에 대한 사회적 행동과 질적인 차이가 있는데, 지금까지 관심을 가졌던 유아기 또래와의 상호작용보다 더 어린 영아도 또래에 대해 관심을 갖고 놀잇감을 매개로 또래 간 상호작용을 한다.

놀잇감으로 인한 또래 갈등은 일반적으로 생후 18개월 이전의 영아에게도 일어나지만 또래를 직접 공격하는 경우는 드물다(Eron, Huesmann, Brice, Fischer, & Mermelsrein, 1983; Hay, Nash, & Pederson, 1983). Homberg(1980)는 생후 12－42개월 된 영아를 대상으로 또래와의 사회적 상호교환 유형을 살펴보았는데 이 시기의 영유아는 주로 물건을 소유하려는 경향을 보였다. 이러한 경향은 생후 24－36개월 사이에 가장 높게 나타났다. 영아가 자기중심적으로 또래와 상호작용하는 것은 생후 18－30개월 사이에 가장 많고 생후

36개월부터는 감소하였다. Levitt와 동료들(1985)의 연구에 의하면 생후 29 - 36개월 된 영아는 어머니가 개입하여야만 놀잇감이 없는 또래에게 자신이 갖고 있던 놀잇감을 나누어 주었다. 또한 2세아는 1세아에 비해 또래가 관심을 보이는 놀잇감을 주지 않는 것으로 나타났다(Hay, Caplan, Castle, & Stimson, 1991). Caplan과 동료들의 연구에 의하면 만 1세, 2세 영아는 놀잇감으로 인한 갈등이 자주 발생하였다. 특히 남아는 또래와의 사회적 상호작용에서 놀잇감 소유로 인한 갈등이 더욱 많이 발생하였다(Brenner & Muller, 1982).

이강이(1998)는 본격적으로 또래관계가 발달하기 시작하는 연령을 2세라고 보았다. 그러나 2세아의 또래관계는 놀잇감으로 인해 갈등상황이 된다. 이 외에도 자신에게 가치 있는 물건을 소유하고 혼자만 이용하고 싶은 욕구로 인해 취학 전 영유아의 갈등 원인이 된다(Caplan, M. Vespo, J. Pederson, J. & Hay, D. F, 1991). 또래와 함께 놀이하는 2세 영아는 놀잇감을 나누지 않으려 하고 자신이 놀고 있는 놀잇감을 계속 갖고 싶어 하지만, 특정한 또래와 특정한 상황에서 놀잇감을 함께 나누어 쓰도록 배우면 놀잇감을 공유하기도 한다(Marilyn Segal & Don Adock, 1985).

또래관계에서 놀잇감은 영아들을 만나게 하는 매개체이다. 장영희(1987)와 구수연(1995)의 연구에서 영아는 놀잇감을 통해 또래영아와 만나며 놀잇감을 교환하거나 같은 놀잇감을 가지고 놀이에 참여하는 등의 행동을 보인다고 하였다.

영아들은 놀잇감을 매개로 또래에 대한 관심을 갖게 되면서 계속되는 또래와의 상호작용 경험으로 인해 성인과는 다른 새로운 또래와의 관계를 형성하는 것을 알 수 있다.

Ⅲ
연구 방법 및 절차

A 연구 참여자

본 연구 참여자는 C어린이집에 재원하고 있는 만 1세아 10명과 2명의 교사이다.

1. 참여 영아의 배경

연구 참여 영아는 C어린이집 하늘반에 재원하고 있는 만 1세아 10명이다. 만 1세 영아반은 영유아보육법(2005)에 의거한 연령을 기준으로, 2005년 3월 1일 현재 24개월 미만의 영아로 구성된 학급이다. 입학 시에는 생일이 가장 늦은 18개월 영아부터 23개월, 즉 유아교육사전(1996)에서 영아로 정의한 2세 미만아이며, 관찰을 마친 2006년 2월에는 29개월부터 34개월이 되었다.

신입원아들은 3월 1일 10명으로 구성되었고, 그중 1명의 영아가 3월 퇴소하고 4월 1일부터 새로운 영아가 1명 입소하였다. 하늘반 영아는 학급이 바뀌는 2006년 2월 말까지 계속 10명이었다. 영유아 학급은 대부분 남아와 여아의 성비가 유사하게 구성되는데, 연구 대상 영아반은 생활보호 대상자 자녀의 우선 입소 순위 등 어린이집의 특별한 상황으로 인해 남아와 여아의 성비가 8:2로 남아의 비율이 높았다. 또한 10명의 영아 중 2명은 영아반에 재원하는 1학기에 소아정신과 검사를 받고 2학기에는 놀이 치료를 받았다. 2세 학급으로 바뀐 2006년 3월부터 1명은 연구대상 어린이집을 퇴소하고 특수아를 위한 프로그램에 등록하였으며, 다른 1명의 영아는 오전에 어린이집 2세반에 등원하고 오후에는 특수아 프로그램에 등록하였다.

참여 영아의 배경은 다음과 같다(영아 이름은 가명을 사용하였다).

<표 4> 참여 영아의 배경

영아명	성별	생년월일	*연령	부모직업		이전 양육 경험
				부	모	
서호진	남	2003. 3. 9	23－35개월	자영업	전업주부	어머니
이유진	여	2003. 4. 5	22－34개월	은행원	은행원	친조모(대구)
김형민	남	2003. 4. 6	22－34개월	은행원	교사	어머니
김준혁	남	2003. 4. 14	22－34개월	회사원	교사	친조모(동거)
김정우	남	2003. 5. 5	21－33개월	공무원	공무원	가정 탁아
이성균	남	2003. 5. 20	21－33개월	교사	회사원	가정 탁아
곽형주	남	2003. 5. 28	21－33개월	회사원	회사원	국공립 어린이집
조영서	여	2003. 6. 24	20－32개월	교사	교사	자기 집 탁아
임종서	남	2003. 7. 26	19－31개월	서비스업	회사원	국공립 어린이집
유호민	남	2003. 9. 4	17－29개월	회사원	교사	외조부(이웃 거주)

*영아 연령: 관찰 시작일 2005. 3. 2.－관찰 종료일 2006. 2. 28.

〈표 5〉 영아별 2005학년 출석일

월별 출석일 성명	3월 (26)	4월 (25)	5월 (25)	6월 (25)	7월 (26)	8월 (26)	9월 (24)	10월 (25)	11월 (26)	12월 (27)	1월 (24)	2월 (24)	*총 출석일 (303)
서호진	26	25	24	25	25	22	24	23	24	25	23	21	287
이유진	23	21	21	16	21	12	16	19	18	21	12	16	216
김형민	21	20	20	21	16	14	20	21	18	19	7	8	205
김준혁	21	21	19	21	24	14	19	13	12	8	11	12	195
김정우	20	20	16	22	15	19	19	20	21	20	21	13	226
이성균	26	25	24	25	25	19	24	25	25	24	22	21	285
곽형주	–	23	22	23	23	16	22	21	23	22	19	15	**229
조영서	23	24	21	24	10	15	13	9	25	24	0	11	199
임종서	25	25	23	25	26	20	23	24	26	24	18	18	277
유호민	22	18	21	18	18	16	19	20	20	21	0	15	186

*총 출석일 산출기간: 2005년 3월 2일 - 2006년 2월 28일
**곽형주 총출석일: 4월 1일 입소하여 3월 보육일수는 포함되지 않음

참여 영아의 배경은 영아들의 교사 및 또래관계에 대한 기초 정보를 제공하므로 간단하게 기술하고자 한다.

1) 서호진(남, 2003. 3. 9.)

자영업을 하는 아빠와 엄마, 5세반에 재원하는 형과 2005년 출생한 동생이 있다. 오전 9시경 등원하고 오후 6시 이후 하원하였다. 8월에 4일간 결석한 이외에는 1-3세 영유아가 한 교실에서 지내는 토요일에도 매주 등원하였고, 어린이집 보육일수와 출석일수가 거의 비슷한 영아로 하늘반 영아 중 보육일수와 보육시간이 가장 길었다.

학급에서 생일이 가장 빠르지만, 신장과 체중 등 신체 발육이 느리고 편식이 심하여 고기와 생선류를 거의 먹지 않고 먹는 음식

의 양도 매우 적었다. 몸이 왜소하고 항상 체력이 부족한 호진이에게 교사들은 특히, 점심식사 시간에는 교사 곁에 자리를 정해주고 많이 먹을 수 있도록 격려해 주었다. 교사는 호진이가 좋아하는 음식을 많이 배식하면서 한 해 동안 간식과 점심식사 시간동안 많이 배려하였다.

2) 김형민(남, 2003. 4. 6.)

아빠와 엄마, 유치원에 재원하는 5세 된 형이 있다. 외조부와 외조모가 가까운 곳에 거주하며 항상 육아를 도와주어서 할아버지와함께 등·하원하였다. 형민이를 출산한 이후 엄마가 휴직하였고형민이의 양육은 물론 어린이집 적응 프로그램에 함께 참여한 뒤5월에 복직 하였다.

간식과 점심식사를 잘 하였고 낮잠 매트에서 누워 잠들기 전 쉬는 시간이 길었지만, 교사의 도움을 받기보다는 혼자 편히 잠드는날이 많았다. 토요일에는 거의 등원하지 않았으며 오전 9시 이후등원하고 오후 4시경 하원하여 하루 7시간 정도 짧은 시간 동안어린이집에서 지냈다. 여름방학인 7, 8월과 겨울방학인 1, 2월에는보육일수 100일 중 55일만 출석하였다.

형민이는 환절기에만 감기를 조금 앓았을 뿐 한 해 동안 건강하게 지냈다.

3) 이유진(여, 2003. 4. 5.)

엄마, 아빠가 모두 은행에 근무하여 오전 8시 이전 등원하고 오후 7시 30분경 어린이집에서 제일 늦게 하원하였다. 평일에는 어린이집에서 11시간 이상 지내면서 보육시간이 길었지만, 엄마, 아빠가 직장에 근무하지 않는 매주 토요일에는 등원하지 않았다. 유진이는 낮잠시간에는 자리에 누워 제일 일찍 잠들고 일어날 때에는 더 자고 싶어 하는 날이 많았다.

8월 이후 엄마가 휴직을 한 뒤에는 오전 9시 30분 - 10시경 등원하고 오후 4 - 5시에 하원하였다. 보육시간이 짧아지면서 간식과 점심을 먹는 양이 많이 줄었고 낮잠시간에는 음악을 듣거나 그림책을 보다가 늦게 잠들었지만 다른 영아들보다 일찍 일어났다.

4) 김준혁(남, 2003. 4. 14.)

아빠, 엄마와 7월에 태어난 2명의 여동생이 있다. 친할머니가 주로 양육했고 적응 프로그램 기간에는 휴직 중인 엄마와 친할머니가 함께 준혁이와 등원하였다. 또래들이 적응 프로그램을 마치고 혼자 등원하는 4, 5월에도 할머니가 어린이집에서 준혁이와 함께 지내기도 하고, 낮잠시간 이후 다른 영아들보다 일찍 하원하기도 하였다.

등원시간이 매우 불규칙하여 오전 9시 이전에 오기도 하지만 가끔은 점심식사 시간 직전에 등원하였다. 7월에는 토요일을 포함하여 이틀 결석하였지만, 8월에는 출석일수와 결석일수가 비슷하고, 가을 이후에는 출석하는 날보다 결석하는 날이 많았다. 준혁이는 앉은 자리에서 식사하지 못하고 혼자 숟가락을 사용하여 음식을 먹지 않아서 한 학기 동안 간식시간과 점심시간에는 교사가 준혁이 곁에서 음식을 끝까지 먹을 수 있도록 도와주었다.

5) 김정우(남, 2003. 5. 5.)

공무원인 아빠, 엄마와 어린이집에 재원하고 있는 4살 많은 누나가 있다. 적응 프로그램을 마친 이후 정우의 요구로 누나가 정우와 함께 영아반에서 지내기도 하였다.

정우는 5월 이후에도 우유병을 들고 등원했고 가정에서는 가을까지 밥 대신 우유를 먹었다. 간식과 식사의 양이 많지 않았고 낮잠시간에는 매트에 누운 채 교사가 잠깐 곁에서 토닥여 주면 쉽게 잠들었다.

정우는 감기나 장염 등으로 결석을 하는 날이 많았는데, 가까운 곳에 거주하는 할머니의 도움으로 어린이집에서 생활하는 시간이 길지 않았다.

6) 이성균(남, 2003. 5. 20.)

아빠, 엄마의 외동아이인 성균이는 오전 9시경 엄마와 함께 등원하고 오후 6-7시에 아빠와 함께 하원하였다. 성균이는 감기 등 질병을 앓거나 피곤해 하는 경우가 많았지만 결석은 거의 하지 않았다.

간식이나 식사시간에는 섭취하는 음식양이 적었고 편식이 심해서 남기는 음식과 더 요구하는 음식이 항상 정해져 있었다. 한 해 동안 교사들은 성균이가 싫어하는 음식을 조금 먹으면 좋아하는 음식을 더 주는 방법으로 성균이의 편식을 고쳐 보려고 노력했지만 별로 식습관이 좋아지지는 않았다.

성균이는 총 출석일 303일 중 출석한 날이 285일로 보육일수가 많고 어린이집에서 생활하는 시간도 길었다.

7) 곽형주(남, 2003. 5. 28.)

아빠, 엄마와 생활하는 외동아이로 오전 9시경 아빠와 등원하고 오후 6시 이후 엄마나 아빠와 함께 하원하였다.

형주는 다른 하늘반 영아들보다 한 달 늦게 4월 1일 입소하였다. 형주가 처음 하늘반 교실을 방문하였을 때 교사가 이름을 불러도 전혀 반응하지 않고, 엄마나 교사와 눈을 맞추지 않은 채 무의미한 소리를 반복적으로 내며 빠르게 교실 안에서 돌아다녀 두 교사가 많이 염려하였다.

형주는 한 해 동안 일상생활과 신체적인 안전을 위해서 1:1의 보육이 필요했는데 하루 종일 교사가 형주 곁에서 먹여 주고, 재워 주는 등 절대적인 도움을 주었고, 교사와 부모의 면담 이후 소아정신과에서 발달에 관련한 검사를 받았다. 형주는 전반적 발달장애로 진단받아 2006년 3월부터 어린이집을 퇴소하고 부모교육이 함께 진행뇌는 특수아 프로그램에 입소하였다.

편식이 무척 심하여 채소류는 전혀 먹지 않았으며 낮잠을 잘 때는 1시간 정도 등을 토닥여 주면 잠들고 한 해 동안 감기나 장염 등의 질병으로 약을 복용하는 날이 많았다.

8) 조영서(여, 2003. 6. 24.)

교사인 아빠·엄마와 7월에 출생한 동생이 있다. 영서는 오전 8시경 등원하고 오후 5시 이전 하원하여, 하루 보육시간은 9시간 미만이었다. 아빠, 엄마의 직업 특성으로 인해 영서는 여름방학과 겨울방학에는 어린이집에 등원하지 않는 날이 많았다. 하늘반 적응 프로그램은 엄마의 겨울방학인 2005년 2월에 참여하였다.

하늘반 영아 중 가장 체중이 적었으며 아토피 피부염을 치료하기 위해 한약을 복용하기도 하고, 환절기에도 오랫동안 약을 복용하는 등 일일보고서의 많은 부분이 건강과 관련된 내용이었다. 영서는 아토피 피부염으로 가정에서 야채류를 많이 섭취한 식습관으로 간식과 식사 시간에 제공된 다양한 음식을 편식하지 않고 골고루 잘 먹었다.

영서는 낮잠시간에도 교사가 묶은 머리를 풀어 주고 잘 수 있도록 자리를 준비해 주면 쉽게 잠들고, 투정하지 않고 일어나는 등 어린이집에서 편안하게 생활했다.

9) 임종서(남, 2003. 7. 26.)

아빠, 엄마와 어린이집에 등원하는 3살 많은 누나가 있다. 종서는 이미 국·공립 어린이집 보육경험이 있는데 적응 프로그램 기간에 엄마 곁을 떠나 놀고, 적응 프로그램이 끝난 이후에도 엄마와 헤어질 때 울지 않고 교실에 쉽게 들어왔다.

간식과 점심식사 시간에 편식하지 않고 음식을 잘 먹었으며, 낮잠시간에도 교사가 곁에서 조금만 다독여 주면 쉽게 잠들고, 일어날 때도 잠투정하지 않고 자리에서 쉽게 일어났다.

등원은 오전 8시 30분 이전에 하고 오후에도 6시 이후 하원하여 하루 보육시간이 길고 토요일에도 출석하는 날이 많았다. 그렇지만 종서는 한 해 동안 음식도 골고루 잘 먹고 편안하게 잠들었고 건강하게 잘 지냈다.

10) 유호민(남, 2003. 9. 4.)

아빠, 엄마의 외동아이다. 호민이는 오전에는 아빠와 함께 9시 30분 등원하고 오후 5시에 엄마와 함께 하원하여 보육시간이 짧았고, 엄마의 방학 기간에는 결석하는 날이 많았다.

호민이의 생일은 9월로 하늘반 영아 중 월령이 가장 낮았지만, 언어발달이 이루어지지 않은 시기에는 교사에게 자신의 의사를 몸짓으로 표현하는 등 적극적으로 요구하는 영아다. 간식이나 식사시간에는 편식하지 않고, 낮잠시간에는 매트에 누워 교사가 곁에서 도와주면 쉽게 잠들고, 기분 좋게 일어나는 등 한 해 동안 건강하게 잘 지냈다.

2. 참여교사의 배경

영유아보육법에 의해 영아반은 교사 대 영아 비율이 1:5이고 하늘반은 5명의 영아 2집단을 한 학급으로 구성하여 연구 참여 교사는 2명이다.

두 명의 교사 중 김 교사는 4년제 유아교육과를 졸업하고 유치원 경력은 2년이며 현재의 어린이집 만 1세 영아반에서만 근무한 지 4년째에 접어들고 있다. 교육대학원에 진학하여 수료 후 논문을 준비하는 중이었으며 관찰이 끝나는 2월에 석사 학위를 받았다. 또 박 교사는 4년제 유아교육과를 졸업하고 이전 근무지인 유치원에서 3년간 유치반 교사로 근무하였다. 연구 참여 어린이집에서는 만 5세 취학 전 학급 담임으로 2년 근무하였고, 올해 처음 만 1세 영아반 교사로 근무하고 있다.

학기가 시작될 때는 김 교사가 많은 부분의 업무를 담당하였고 박 교사가 김 교사에게 도움을 많이 청했지만, 4월부터는 영아반 교사로서의 대부분의 업무를 박 교사와 김 교사가 분담하였다.

B 연구현장

1. 어린이집

1) 어린이집의 전체 공간

서울시에 소재한 민간어린이집으로 지하 1층, 지상 3층 건물이다. 넓은 현관에는 사무실과 통하는 창문이 있는데, 이곳 사무실은 원장, 사무원, 영양사가 업무를 보는 곳으로 필요한 사무기기가 잘 정비된 공간이다. 한 쪽 벽면에는 큰 창문이 있어 사무실에서 업무를 보면서도 실외놀이터와 어린이집을 드나드는 모든 사람들을 한 눈에 살펴볼 수 있다.

현관에 들어서면 넓은 복도를 마주보고 1세반, 2세반 교실과 주방이 있고 물고기, 거북이가 있는 작은 실내 정원과 학부모를 위한 공간이 있다.

2층에는 항상 간호사가 상주하고 있는 교사실과 3세반, 4세반 교실이 있다. 각 교실을 청소하는 시간 동안 이용하는 공간으로 어린이집 모든 영유아가 활용할 수 있는 '만나는 방'이 있다. 대형 TV와 끼우기 블록, 종이벽돌블록이 놓여 있는 쌓기 놀이 영역과 책보기 영역, 약간의 인형과 소꿉 놀잇감이 있다. 영아반은 오후 간식시간 이후에 한 명의 보육교사가 교실을 청소하고 정리하는 동안, 다른 한 명의 보육교사가 영아들과 만나는 방에서 놀이한다.

3층에는 만 5세반 교실이 있고 교구를 보관하는 넓은 교재실이 있다.

2) 실외놀이터

어린이집에 들어서면 모래놀이터와 자전거길, 어린이집 담을 둘러싼 나무들이 있는 실외놀이 환경이 한 눈에 보인다.

실외놀이터 중앙에는 물·모래놀이터가 있고 그 주위를 둘러싼 자전거길이 있다. 모래놀이터의 왼편으로는 유아를 위한 미끄럼틀이 있고 오른편에는 영아를 위한 낮은 미끄럼틀, 롤러코스터가 있다. 조용한 놀이와 휴식을 위한 나무의자, 소꿉놀이 탁자가 있으며, 나무로 만든 창고 안에는 자전거와 자동차, 모래 놀잇감 등이 보관되어 있다.

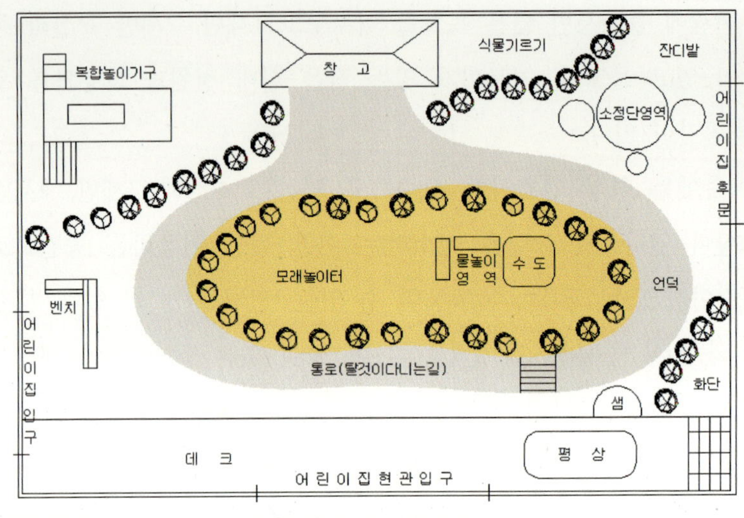

〈그림 1〉 C어린이집의 실외놀이터

3) 신체활동실

넓은 면적의 신체활동실은 부모 오리엔테이션이나 졸업, 유아를 위한 영화 상영 등 다양한 용도로 사용되는데, 특히 영아들은 신체활동실에서 볼풀장 놀이하는 것을 아주 좋아한다. 그 이외에도 흔들 말, 미끄럼틀, 여러 개의 큰 공, 다양한 색상과 형태의 큰 매트, 아마데우스 피아노, 대형 TV가 있고 한쪽 벽면에는 공굴리기, 모양구성하기 등이 있다.

항상 전등을 켜서 조명을 조절해야 하는 반지하의 구조이지만 환기와 온도조절이 잘 이루어지고, 천장이 높아서 신체활동을 하는 동안 답답한 느낌을 갖지 않고 대 근육활동을 하기에 충분한 공간이다.

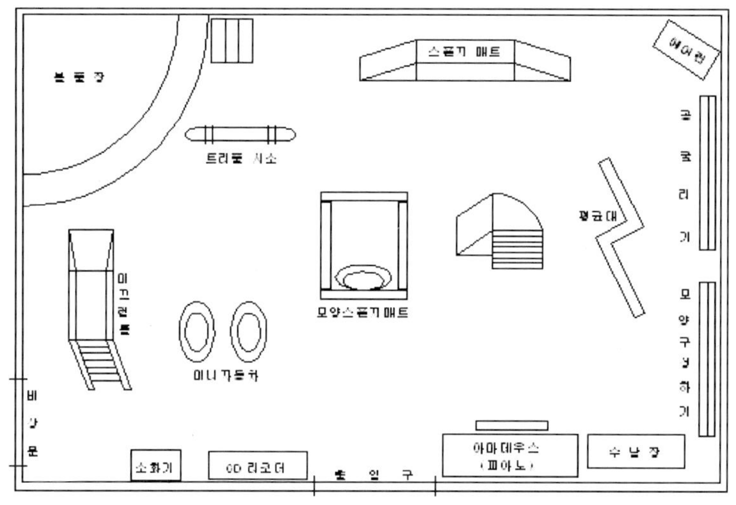

〈그림 2〉 C어린이집의 신체활동실 환경

4) 만 1세 영아반 교실

본 연구의 대상 학급으로 하늘반은 현관 바로 옆에 위치하여 실외놀이터로 접근하기 쉽다. 교실은 넓은 창문이 있어 채광과 환기가 잘 이루어지고, 창을 통해서 실외놀이터 전체를 볼 수 있다. 출입문은 영아들의 안전을 위한 2짝 미닫이문이고 출입문에는 성인의 눈높이와 영아의 눈높이에 맞춘 투명한 창이 있다. 교실 내 화장실에는 변기 2개와 싱크대 2개, 샤워기가 설치되어 있다.

교실 내 영역은 도서·언어영역, 창의영역, 탐색영역, 신체영역, 기저귀 가는 영역으로 구성되어 있다. 각 영역에는 낮은 교구장에 영아들의 발달과 생활주제에 따른 동일한 놀잇감이 2-3개 이상 제시된다. 낮잠을 자기 위한 매트가 있고 출입문 가까운 곳에는 개별 영아의 가방을 수납하는 장과 서랍장이 있어, 등원 시 보호자가 기저귀와 여벌 옷 등을 채워 넣고 하원할 때는 세탁해야 할 옷을 가져간다.

TV와 비디오, 소형 냉장고, 가습기, 공기청정기, 영아의 칫솔과 양치컵, 물컵을 살균·소독하는 자외선 살균기 등 하루일과를 진행하는 동안 필요한 물품이 교실 내에 비치되어 있다.

1세 영아반 교실의 공간 및 영역구성은 다음과 같다.

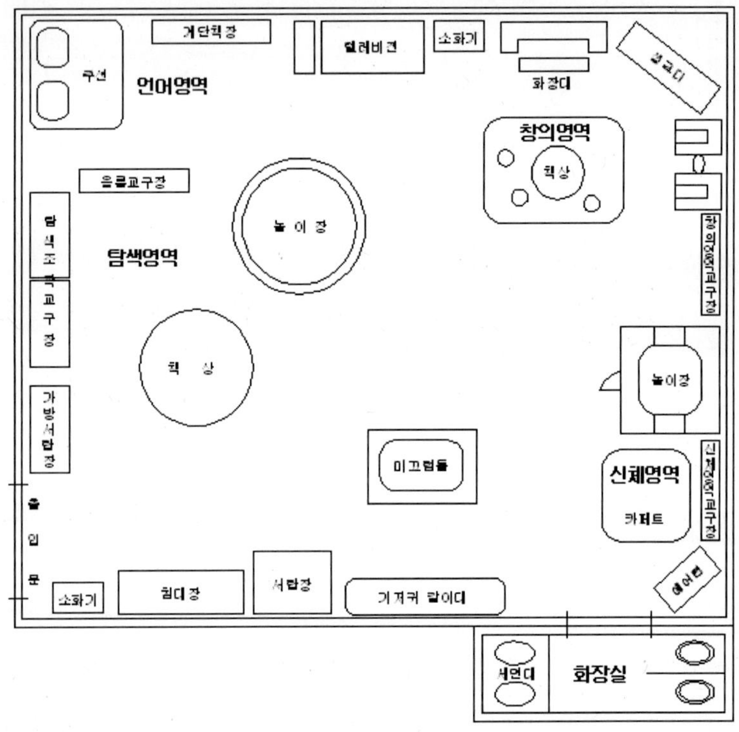

〈그림 3〉 하늘반 교실 환경

2. 영아반의 하루일과

영아반 일과 운영은 개별 영아의 요구에 따라 계획되고 이루어
진다. 일과 운영을 하는 동안 영아의 질병, 피로, 배고픔 등 영아
의 신체적, 심리적 상태가 우선적으로 고려된다.

연구 참여 학급의 일일교육계획안에 제시된 하루일과 운영은 다
음과 같다.

<표 6> 하루일과 운영표

시간	주요일과	주요활동내용
7:30 – 8:30	통합보육 (등원: 1층 하늘반)	밝은 미소로 영아를 맞이하고 보호자에게 영아의 상태를 듣는다. 영아의 건강상태를 살피고 관찰한다. 부모가 기록한 일일보고서를 확인한다.
8:30 – 9:10	자유놀이	영아와 놀잇감을 가지고 자유롭게 놀이한다.
9:10 – 9:30	오전간식	개별적으로 영아의 발달에 따라 기저귀를 갈거나 화장실을 다녀오게 한다. 손 씻기를 한다. 포크나 숟가락을 사용하여 스스로 먹을 수 있도록 한다. 먹고 난 후 정리정돈을 하게 한다.
9:30 – 10:15	실내 자유놀이	자유로운 탐색활동이나 교사가 준비한 놀이 활동을 할 수 있도록 한다. 교사와의 상호작용, 또래와의 놀이, 혼자놀이 등의 활동을 한다.
10:15 – 10:30	정리정돈 및 전이활동	교사가 정리하면서 영아도 제자리에 놓아 보도록 유도한다. 간단한 전이활동을 한다. 개별적으로 영아의 발달에 따라 기저귀를 갈거나 화장실을 다녀오게 한다. 다음 놀이 활동 장소를 알려 주고 이동한다.
10:30 – 11:20	실외자유 놀이	교사가 준비한 실외놀이 활동이나 대 근육활동, 물·모래놀이 등을 자유롭게 한다.
11:20 – 11:30	점심 준비	식사 전 손 씻기를 한다.
11:30 – 12:10	점심식사 양치질하기	숟가락과 포크를 사용하여 스스로 먹을 수 있도록 한다. 점심식사 후 양치질을 도와준다.

시간	주요일과	주요활동내용
12:10 - 12:30	낮잠 준비	개별적으로 영아의 발달에 따라 기저귀를 갈아 주거나 화장실을 다녀오게 한다. 편한 옷으로 갈아입기 또는 겉옷을 벗도록 한다.
12:30 - 15:30	낮잠	조용한 음악이나 자장가를 들려준다. (3 - 4월은 개별영아의 생활리듬에 따라 낮잠시간을 조정함)
15:30 - 16:00	낮잠 깨기	낮잠에서 깨어나면 잠자리를 정리하고 옷을 입게 한다. 개별적으로 영아의 발달에 따라 기저귀를 갈거나 화장실을 다녀오게 한다.
16:00 - 16:30	오후간식	손을 씻게 한다. 포크나 숟가락을 사용하여 스스로 먹을 수 있게 한다.
16:30 - 18:00	실내·외 자유놀이	날씨나 영아의 흥미에 따라 옥상, 신체활동실에서 자유롭게 놀게 한다. 오전에 했던 활동 중 흥미 있는 것을 지속하거나 확장해서 놀이하게 한다. 귀가준비를 한다(소지품 챙기기, 씻기, 옷 입기 등).
18:00 - 19:30	통합보육 (귀가)	영아의 하루 생활을 부모에게 이야기하고 귀가 인사를 나눈다. 1, 2, 3세반은 1층 교실에서 4, 5세반은 만나는 방에서 통합보육을 한다.

하늘반의 하루일과에 대한 구체적인 사항은 다음과 같다.

1) 등원

영아들의 등원시간은 오전 7시 30분부터 이루어진다. 오전 8시 30분 이전 등원하는 영아들은 1세 영아반 교실에서 오전 당직 교사와 1 - 3세 영유아들이 함께 지낸다.

이 시간에는 계획되지 않은 쌓기 놀이나 책보기를 하고 지상파 방송국의 영유아 프로그램을 시청한다.

2) 오전 간식 및 자유놀이

오전 9시 30분 이전 제공되는 오전 간식은 주로 죽이나 과일,

유제품과 빵 등 다양한 식단으로 제공되는데 대부분의 영아는 간식시간 이전에 등원한다.

학기 초에는 개별적으로 영아를 돕느라 교사들이 분주한데, 점차 영아들이 혼자 먹을 수 있게 되면서 교사들은 등원 시 영아와 나누지 못한 이야기를 나누는 시간으로 활용한다. 간식시간 이후 등원하는 영아도 아침을 거른 채 오기 때문에 자유놀이 시간에도 오전간식을 먹을 수 있도록 배려한다.

3) 실내 자유놀이

교실에서 노는 시간이 가장 많지만, 영아들은 지하 신체활동실에서 대 근육활동을 하거나 2층 만나는 방이나 복도 등 다양한 장소에서 놀 수 있다.

영아반은 2명의 교사가 한 주씩 교대로 주교사와 부교사의 역할을 하여 보육계획을 작성하고 환경을 구성한다. 학기 초에는 한 명의 교사가 교실에서 울거나 보채는 2-3명의 영아들과 복도에 있는 물고기, 거북이를 보거나 신체활동실에서 놀고 또 한 명의 교사는 교실에서 전체 영아들과 논다.

4) 정리 정돈 및 전이활동

적응 기간에는 놀잇감의 활용이 낮지만, 4월 이후 놀잇감을 이용한 놀이가 활발하다. 교사가 정리정돈시간이라고 알려 주어도 영아들은 정리활동에 참여하기보다는 하던 놀이를 계속하고 놀잇감의 대부분은 교사가 정리한다. 놀잇감을 정리한 교구장은 벽면을 향하게 하여 영아들이 놀잇감을 다시 꺼내어 놀이할 수 없도록 한다.

정리정돈시간 이외 놀이하는 중에도 교사는 영아가 다시 놀잇감을 사용할 수 있도록 수시로 놀잇감을 정리한다. 대부분의 놀잇감을 교사가 정리하고 영아들은 교사의 격려를 받으며 1-2개의 놀잇감을 정리한다.

5) 실외자유놀이

주로 오전 실내놀이를 마친 뒤 실외놀이터에서 놀이하는 시간은 영아들이 가장 좋아하는 시간으로 특히 자전거 길에서 페달 없는 자동차 타기나 모래놀이를 즐긴다.

기온이 매우 낮거나 높은 날, 영아들이 감기에 걸린 환절기 등에는 실외놀이를 하지 못하고 실내 신체활동실에서 놀이하는 날이 많다.

한편 기온이 높은 여름에는 실내자유놀이 시간을 단축하고 실외에서 긴 시간 동안 물놀이를 하기도 하고, 기온이 적절하고 날씨가 좋은 봄·가을에는 실외놀이 시간을 연장한다.

6) 점심식사

영양사가 점심식사를 준비하여 교실에 카트를 가지고 오면, 두 교사는 영아들이 기다리지 않고 동시에 점심식사를 할 수 있도록 신속하게 준비한다.

학기 초에는 교사가 영아를 개별적으로 도와주고, 1학기가 끝날 무렵에는 대부분 영아가 스스로 식사한다. 먼저 식사가 끝난 영아는 블록놀이, 자동차 놀이를 하고 늦게 식사를 마치는 영아도 끝까지 먹을 수 있도록 배려하여 점심식사 시간이 길다.

7) 양치하기 및 기저귀 갈기

영아들은 양치하는 활동을 매우 좋아하는데, 독특한 색상과 모양이 있는 자신의 칫솔은 물론 또래의 칫솔에도 관심이 많다.

한 명의 교사는 영아의 양치하기를 도와주고 또 한 명의 교사는 영아의 기저귀를 갈거나 화장실가기를 돕는다. 낮잠 매트를 깔고 커튼으로 채광을 조절하고 느린 음악이나 자장가를 들려주는 등 낮잠을 잘 수 있도록 준비한다. 두 교사가 기계의 톱니바퀴처럼 간단한 대화와 눈짓만으로 업무를 분담하면서 빠르게 움직인다.

등원 시 투약을 의뢰한 아픈 영아가 있으면 간호사가 교실에 와서 약을 먹여주는데, 환절기에는 대부분의 영아가 감기약을 복용한다.

8) 낮잠 자기

교사가 영아의 습관을 파악하여 등을 토닥여 주고 머리카락을 만져 주기도 하면서 영아가 잠들도록 돕는다.

교사들은 영아가 잠든 시간에 관찰일지나 교육계획안을 작성하는 업무를 한다. 오전 일찍 잠을 잤고 늦게 등원해서 자고 싶지 않은 영아는 그림책을 보거나 교사가 교실 밖으로 데리고 나가는 등 개별적으로 영아를 배려한다.

9) 낮잠 깨기

낮잠을 자고 일어나는 시간은 영아의 등원시간, 신체적인 조건에 의해 개인차가 있다. 먼저 일어난 영아들은 블록놀이를 하거나 도서 영역에서 그림책을 보는 등 주로 혼자 놀이를 한다.

한 명의 교사는 낮잠을 자고 일어난 영아의 기저귀를 갈아 주거나 화장실에 다녀오게 하고 영아들의 머리를 빗어 주기도 한다. 다른 교사는 매트와 이브자리를 정리하고 환기를 시키는 등 오후 일과 운영 준비를 한다.

10) 오후 간식

오후 간식은 하원 후 가정에서의 저녁식사 시간을 고려하여 열량과 양이 충분한 식단으로 구성된다. 항상 당일 배송한 재료를 이용하여 조리·가열하는데, 영아가 좋아하는 잡채, 닭 강정, 떡, 빵 등의 음식이 제공된다. 대부분 영아들은 오후 간식을 먹고 하원한다.

11) 실내외 자유놀이

오후 간식을 먹은 뒤 한 명의 교사가 교실을 청소하는 동안 다른 한 명의 교사는 학급 전체 영아와 함께 영아들의 건강 상태나 날씨에 따라 주로 2층 만나는 방에서 놀고 가끔 신체활동실에서 놀이한다. 교실을 청소한 후 하늘반 교실에 다시 돌아온다.

여러 연령을 위한 놀잇감이 제시된 만나는 방에서 한 명의 교사와 전체 영아가 20－30분 정도 놀이한다.

12) 통합보육

1·2·3세 학급은 하늘반 교실에서, 4·5세 학급은 2층 만나는 방에서 함께 지낸다.

오후 간식 이후에는 영아들이 가정에서 가지고 온 우유를 먹기도 하고, 피곤한 영아들은 언어영역 매트에서 쉬는 경우가 많다. 이 시간 보육은 영아가 다음 날 등원할 때도 긴 보육시간으로 인해 기분이 안 좋은 경우가 많다. 오후 늦게 하원하는 영아는 대부분 매일 이른 시간 등원하는 영아로 하늘반 영아의 평균 보육시간은 다른 학급의 영유아보다 길다.

3. 영아반의 연간계획안

본 연구 참여 어린이집 영아 프로그램은 운동 능력, 언어능력, 지적 능력, 창의성, 기본생활 습관이 잘 형성되고 발달할 수 있도록 영아가 주변 환경을 탐색할 수 있는 놀이 환경과 활동을 제공한다. 탐색과 놀이를 통한 다양한 경험은 영아의 자율성과 긍정적인 자아개념 형성에 도움이 되므로 이에 중점을 둔다(C어린이집운영안내, 2005).

영아반의 연간계획안은 다음과 같다.

〈표 7〉 영아반의 연간계획안

기간	주제	다루어질 내용	보육행사	안전교육
3월 1주 ~ 4월 1주	어린이집 적응하기 I	어린이집에 왔어요 I 어린이집에 왔어요 II 어린이집에 왔어요 III 우리 반에 무엇이 있을까 I 우리 반에 무엇이 있을까 II		소방대피훈련
4월 2주 ~ 4월 5주	어린이집 적응하기 II	어린이집에 무엇이 있을까 I 어린이집에 무엇이 있을까 II 엄마와 기분 좋게 헤어져요 I 엄마와 기분 좋게 헤어져요 II	체격검사 개별면담	소방대피훈련
5월 1주 ~ 5월 4주	놀잇감 (배변훈련 I)	어떤 놀잇감이 있을까 놀잇감은 재미있어요 I 놀잇감은 재미있어요 II 배변의사를 표현해요	어린이날 행사	소방대피훈련
6월 1주 ~ 6월 4주	동물	내가 좋아하는 동물들이 있어요 여러 동물들이 있어요 동물흉내를 내보아요 I 동물흉내를 내보아요 II		소방대피훈련
7월 1주 ~ 7월 4주	더워요	더워요 I 더워요 II 물놀이는 재미있어요 I 물놀이는 재미있어요 II		소방대피훈련
7월 5주 ~ 8월 3주	느껴 보아요 I (배변훈련 II)	만져 보아요 눈으로 보아요 맛을 보아요/들어 보아요 혼자할 수 있어요	원내 물놀이	소방대피훈련
8월 4주 ~ 9월 3주	자동차 놀이	굴려 보아요 자동차 놀이를 해요 I 자동차 놀이를 해요 II 여러 가지 탈 것이 있어요 I 여러 가지 탈 것이 있어요 II		소방대피훈련
9월 4주 ~ 10월 2주	나	내 이름을 말해보아요 내 물건을 알아요 내 얼굴을 살펴보아요 내 몸을 움직여 보아요		소방대피훈련
10월 3주 ~ 11월 1주	엄마, 아빠	엄마, 아빠예요 엄마, 아빠 사랑해요 엄마, 아빠 흉내를 내요	체격 검사 가을 나들이	소방대피훈련
11월 2주 ~ 12월 1주	친구	우리 반 친구예요 I 우리 반 친구예요 II 친구와 함께 해 봐요 I 친구와 함께 해 봐요 II		소방대피훈련
12월 2주 ~ 12월 5주	추워요	추워요 I 추워요 II 산타 할아버지가 오신대요 눈이 왔어요	산타 행사	소방대피훈련
1월 1주 ~ 1월 4주	느껴 보아요 II / 이만큼 자랐어요 I	냄새를 맡아보아요/맛을 보아요 느껴 보아요 혼자 할 수 있어요 I 혼자 할 수 있어요 II	개별면담	소방대피훈련
2월 1주 ~ 2월 4주	이만큼 자랐어요 II	나는 자랐어요 I 나는 자랐어요 II 형님반이 되어요 I 형님반이 되어요 II		소방대피훈련

C. 연구방법과 절차

1. 연구방법

본 연구는 영아들의 놀이에 나타난 교사 및 또래관계를 이해하기 위해 영아반 교실에서 참여 관찰하는 문화기술적 연구 방법으로 이루어졌다. 영아의 교사 및 또래관계를 탐색하기 위해 연구자는 참여 관찰과 심층면담, 그리고 운영계획안, 월간계획안, 학부모 면담일지, 관찰일지 등 중요한 기록물들에 대한 텍스트를 분석하였다. 놀이를 통해 이루어지는 관계의 형성과정을 이해하기 위해 연구자는 영아들 및 교사들의 일상적인 생활 속에서 밀착된 참여 관찰을 했다. 또한 놀이상황에 의문을 던지고 영아의 놀이상황에서 영아와 교사, 영아와 또래의 상호작용에 대해 생각하고 누적된 상호작용을 이해하기 위해 1세 영아반의 자유놀이 시간 동안 관찰하면서 개별 영아들이 교사 및 또래와 어떻게 관계를 맺는지, 형성된 관계는 어떻게 변화하고, 유지하는지 알고자 했다.

이런 목적으로 2005년 3월부터 다음 연령의 학급으로 바뀌기 이전인 2006년 2월까지 한 해 동안 참여 관찰을 통하여 연구하였다.

2. 참여 관찰

1) 예비관찰하면서 함께 지내기

예비관찰은 본 연구를 위한 참여 연구 어린이집 만 1세 영아반에서 2004년 가을부터 한 학기 동안 참여 관찰하였다. 매주 금요일 오전 9시부터 영아들이 낮잠을 자는 시간까지 1세반 영아의 놀이 활동을 보면서 모든 영아가 제각기 독특하다는 것을 새삼 깨달았다.

영아반에서 생일이 가장 느린 예나가 미끄럼타기를 두려워 머뭇거리면서 미끄럼틀의 가장 높은 계단을 오르고는 뒤를 돌아보았다. 내가 예나에게 손을 내밀었더니 예나는 내 손가락을 꼭 쥐고 미끄럼틀에 올라, 나에게 미끄럼틀에 앉으라는 몸짓을 하였다. 예나는 처음에는 내 무릎에 앉아 미끄럼을 타더니 다음에는 예나 혼자 미끄럼을 타고 내려왔다. 한 주가 지나 다시 예나를 만났다. 처음에는 내게 많이 다가오지 않던 예나가 시간이 지나면서 온몸을 펄쩍 뛰고 얼굴 가득 웃음을 띠고는 진심으로 나를 반겼다.

영아반 교실에서 한 학기 동안 관찰하면서 영아의 개별적인 발달과 영아반에서 이루어지는 놀이 활동에 대해 더 관심을 갖게 되었다. 일주일에 하루 동안 영아반에서 지내고 한 주일이 지나 다시 영아반 교실에 가면, 이전과는 다른 영아의 모습을 발견할 수 있었다. 학기 초에는 곁에 앉아 있는 나를 의식하지 않은 채, 책장을 넘기던 영아가 책장을 넘기면서 곁에 있는 나에게 눈을 맞추고 함께 그림책을 보자며 손가락으로 그림을 가리킨다. 영아는 또래의 몸짓을 따라하면서 함께 놀고 싶어 했고, 교사·또래와 혹은 일주일에 한 번 그들의 공간 속으로 들어가는 주변인인 나와도 관계를 맺으면서 놀고 있다는 것을 알게 되었다.

예비관찰을 하는 동안 연구 참여자가 생활하는 어린이집의 전반적인 분위기에 익숙해진 것은 물론, 한 학기 동안 친숙해진 김 교사에게 2005년 3월부터 본 연구를 위한 관찰을 쉽게 허락 받을 수 있었다. 참여 관찰과 심층면담은 연구자와 연구대상자와의 관계가 자료수집에 결정적인 영향을 미치는데(홍용희, 1998) 예비관찰을 한 당시의 영아들은 2005년에 2세 학급으로 바뀌어 새로운 참여 영아들을 관찰 하였다.김 교사는 2005년에도 계속 1세 영아반 학급 담임이 되어 연구대상자의 자연스러운 일상생활 속으로 들어갈 수 있었다.

또한 예비관찰을 통해 영아반의 일과 운영을 파악하고 본 연구를 위한 관찰시간을 계획할 수 있었으며, 급격한 발달이 이루어지는 1세 영아반에서 연구자가 한 해 동안 관찰하고자 하는 데 의의를 찾을 수 있는 기간이 되었다.

2) 본 연구를 위한 참여 관찰

한 학기 동안 예비 관찰을 통해 연구 주제를 정한 뒤에도 일 년이란 긴 시간 동안 교실 문을 활짝 열고 본 연구를 위한 참여 관찰을 할 수 있는 영아학급을 찾는 것이 쉽지는 않았다. 그러던 중, 연구자가 어린이집 원장으로 근무하는 동안 친분이 있던 원장이 예비관찰 때처럼 본 연구를 위한 참여 관찰 역시 쾌히 응낙해 주었다. 원장의 허락도 중요하지만 참여 관찰을 하는 2005년 학급별 교사 구성이 이루어지지 않은 상태에서 원장의 허락 외에도 실제 관찰 대상인 영아반 교사들의 허락이 중요하였다.

2005년 2월, 연구자는 새로 영아반에 배정된 담임교사를 찾아가 연구의 내용과 관찰방법 등에 대해 이야기하고 허락을 받았다. 1주 2회 관찰을 하고 1회는 MP3 녹음, 1회는 캠코더로 촬영하기로 했다.

2명의 교사 중 김 교사는 연구자가 예비관찰을 하면서 함께 지냈던 경험으로 심리적 부담이 적었지만, 영아반 담임을 처음 맡게 된 박 교사는 원장과 친분이 있는 연구자를 조금 어려워하였다. 그렇지만 박 교사와도 영아반 교사의 어려움과 하늘반 아이들에 대해 이야기 나누고 함께 공감하면서 연구자와 차츰 친숙해졌다.

주 2회 화요일과 금요일에 방문하여 동선에 방해가 되지 않고 교실 전체가 한눈에 보이는 지점에 앉아 매회 캠코더 촬영을 했다. 연구자로서 객관적인 자세를 가지려 하였지만, 영아가 또래와 한 개의 놀잇감을 쥐고 다툼을 벌이거나 다른 영아가 배변을 실수하고 우는 상황에서는 연구자로서의 객관적인 태도를 갖는 것이 어려웠다.

물리적으로는 가깝지만 심리적으로 먼 거리에서 관찰하고자 하는 나의 본분을 뒤로 한 채, 일단 영아를 달래 주기도 하고 안전을 이유로 교구장을 딛고 창문으로 올라가는 영아의 몸을 잡고 제지하는 등 보육교사의 손이 채 미치지 못하는 영아를 돕기도 하면서 관찰자와 보조교사의 역할을 하기도 하였다. 한 걸음 떨어진 자리에서 참여 관찰자로서의 내가 어느새 완전 참여자로서 행동하고 있었다.

관찰 장소에서 분리된 관찰자가 되어야 한다는 Spradley(1980)의 말을 되새기면서 하늘반에서 관찰자의 위치를 다시 찾아야 하는 절박한 마음이 고개를 들기 시작하였다.

그렇지만 적응 프로그램이 끝나면서 오전 9시 이전에 등원하여 오후 6시까지 하늘반 전체 10명의 영아들이 생활하는 학급에서 2명의 교사가 영아와 안전하고 활발하게 상호작용하는 것은 쉽지 않았다. 그런 어려운 상황 속에서 캠코더만 들고 관찰자로서 내 자리만을 지키는 것이 연구자에게 가장 어려운 문제로 다가왔다.

나의 이런 고민을 교사들과 함께 이야기 나누어야 한다는 마음을 굳히고 새로운 주를 맞이한 날, 서로의 마음이 통했나 보다! 점심식사를 마치고 아이들이 모두 편안하게 낮잠을 자는 시간 동안 차를 마시던 김 교사가 내게 먼저 이야기를 시작했다.

> 이제는 교실이 조금 안정되어 가죠? 선생님이 관찰하러 온 날은 저희가 정말 너무 도움을 많이 받아서 한결 수월해요. 그런데 선생님이 오지 않는 날은 정신이 하나도 없고요. 박 선생님이랑 둘이서 이야기 했었는데요. 선생님은 관찰을 하러 교실에 들어오는 거잖아요. 보조교사가 아니잖아요. 그래서요, 선생님한테 이젠 부탁하지 않고 우리가 담임이니까 우리 둘이 힘들어도 우리가 알아서 해야 한다고 얘기했어요. 선생님도 이젠 관찰을 제대로 하셔야 되잖아요.
>
> (2005. 3. 18. 교사와 면담)

연구자가 관찰하러 오는 날, 두 교사가 훨씬 순조로운 하루를 보내는 것에 감사하다는 말과 함께 자료수집이 잘 되는지 염려해 주면서 내게 연구자 본연의 자리를 찾아야 한다고 말했다. 정말 고마운 마음으로 영아반 교사의 어려움을 진심으로 공감하면서 나

역시 그런 문제를 함께 의논하고 싶었다고 마음을 털어놓았다. 두 교사에게 진심으로 고마웠다. 그날 이후 참여 관찰자로서 연구자의 자리를 찾아 객관적인 자세를 지닐 수 있었다.

3. 자료수집

1) 비디오 녹화 테이프

현장 노트를 작성하고 주 1회는 현장에서 녹음하고 주 1회는 캠코더 촬영을 하려고 계획하였다. 그런데 언어 발달이 이루어지지 않은 영아의 몸짓이나 손짓에 반응하는 교사의 상호작용이나 영아의 또래 간 놀이 활동자료를 수집하기는 어려웠다. 2주째부터 교사의 허락을 받고 참여 관찰하는 동안 캠코더 촬영을 통해서 자료를 수집하였다.

관찰 후 비디오 녹화된 자료의 분석은 개별 영아, 영아－교사, 영아－영아의 관계를 중심으로 상황을 전사하여 서술하였다. 한 장면에서 분석의 대상이 여러 명인 경우에는 각 영아가 관계 맺는 교사나 또래에 주의를 기울여 분석하고 한 개의 테이프를 여러 번 되돌려보기도 하였다. 전사활동을 하는 동안 현장에서 다 보지 못한 영아들의 놀이 활동에 대해 여러 번 테이프를 반복하여 보면서 현장에서 미처 파악하지 못한 점을 발견하기도 하였다. 매회 관찰한 비디오테이프를 보존하여 자료 분석 중 의문이 생기면 다시 볼 수 있었다.

2) 참여 관찰 전사 기록물

참여 관찰은 연구하고자 하는 세계에 들어가서 그곳의 환경, 사람과 생활에 친숙해지는 일로부터 시작된다. 교실처럼 외부인의 출입을 제한하는 곳을 연구할 때는 교사의 허락을 얻어야 하므로 연구자는 현장의 성격을 충분히 검토한 뒤에 현장을 선택해야 한다(조용환, 2002). 그러므로 원장의 허락뿐 아니라 교사의 허락과 함께 교사가 물리적으로 교실을 개방하고 내게 마음의 문을 열어 주어 한 해 동안 참여 관찰할 수 있었다.

관찰한 내용은 현장노트에 차곡차곡 기록하여 분석과 해석의 자료가 되었다. 연구가 진행되면서 연구자는 참여 관찰의 폭을 좁히고 깊이를 더하고자 자료를 반복하여 읽었다. 영아의 놀이에 특별히 관심을 가지고 참여 관찰을 시작했지만 점차 영아들이 노는 동안 교사와 또래와의 관계 형성과 변화되는 관계가 두드러지게 보였다. 그래서 영아들의 놀이에서 보이는 영아와 교사, 영아와 또래와의 관계가 형성되는 과정에 초점을 맞추어 자료를 수집하고 체계적으로 해석하였다.

문화기술적 연구는 자료의 수집과 해석이 반복적, 순환적, 누적적으로 이루어져야 하므로 본 연구의 자료는 일 년간 총 90회에 걸쳐 수집하였다. 연구 초기에는 연구 참여자들이 영아와 교사의 생활을 이해하고 연구 현장에서 친밀감을 형성하는 과정 속에서 참여 관찰이 이루어졌다.

일 년 동안 기본적으로 주 2회 관찰하면서 종일 수업을 관찰하기도 했고 일주일 동안 거르지 않고 관찰한 적도 있었다. 그렇지만 일주일 간 계속 관찰하는 동안에는 신체적·심리적인 피로가 누적되어 연구자가 교사와 동일시되면서 객관적인 시선을 갖기 어려웠다. 또한 영아들의 놀이에 나타나는 다양한 사건들을 새롭게 보기보다는 어제와 똑같은 현상의 반복이라는 둔감한 시선을 갖게 되었다. 오히려 관찰하면서 새로운 것을 발견하고 깊이 있게 생각해 보기가 어려워 주 2회 참여 관찰을 하였다.

또한 오후 시간에 이루어지는 자유놀이 시간은 제외하였다. 이 시간을 관찰한 결과 교사 1명이 10명의 영아와 늘 유사한 놀잇감으로 좁은 공간에서 놀기 때문에 교사와 영아와의 상호작용을 관찰할 수 없는 제한점이 있었다. 그리고 교사의 교육계획에 의한 교사의 민감한 상호작용을 전제로 운영하는 시간이 아니었으므로 이 시간 동안 영아의 놀이는 참여 관찰하지 않았다.

3) 심층면담

심층면담은 참여 관찰의 일부라고도 볼 수 있다. 왜냐하면 참여 관찰 과정에서 연구자는 낯선 문화에 대해 끊임없이 의문을 갖게 되고, 관찰의 현장에서 그 의문들을 면담의 형태로 풀어나가기 때문이다(조용환, 2002). 문화기술적 심층면담은 질문의 내용과 방식을 사전에 계획하지 않고 면담자와 피면담자의 상황을 최대한 고려하는 열린 형태의 비구조적 면담이다.

본 연구에서의 인터뷰는 교사 2명에게서 정보나 의견, 신념에 대한 자신의 관점을 표현하도록 유도하는 언어적 의사교환, 목적을 가진 대화의 성격을 갖는다. 영아들의 놀이를 참여 관찰하면서 언어표현이 가능한 영아들에게는 짧은 대화로 영아의 생각을 묻고 대답을 듣기도 하였다. 참여 관찰을 하는 날에는 영아들이 잠든 시간 이후 차를 마시면서 이야기를 나누었다. 영아들이 잠든 시간 동안 교사들이 관찰 자료를 정리하거나 교육계획안을 작성하는 등 업무를 보고 있을 때, 연구자가 관찰한 자료와 교사의 자료를 비교하면서 부족한 자료를 첨가하는 기회로 활용하기도 하였다. 연구자가 참여 관찰하면서 궁금했던 영아의 가정생활은 물론 어린이집에서의 놀이상황에 대해서 교사들에게 묻기도 하였다. 연구자가 볼 수 없는 등·하원 시 부모들과 나눈 이야기나 영아들의 가정에서 있었던 일들에 대해 전해 듣는 기회가 되었다.

관찰 기간 동안 영아들이 모두 낮잠을 자는 시간에 교사와 차를 마시고 오후 2시경에 어린이집 문을 나섰다. 가끔은 퇴근 후 함께 저녁 식사를 하면서 연구자가 관찰하지 않았던 날의 이야기를 듣기도 하였다. 한 공간에서 함께 지내면서도 교실에서 나누지 못했던 많은 이야기를 나누었는데, 이때는 개별 아이들의 발달이나 성격 특성, 가족들에 관한 이야기가 주 관심거리였다.

4) 기록물 및 문서 분석

기록은 체험의 원천으로서 자료의 가치와 반성적인 특성을 갖는데(Barrit et al., 1983), 학급운영록, 월간 교육계획안, 학부모 면담 일지, 생활기록부, 관찰일지, 일일보고서, 출석부, 어린이집 운영안내 등 중요한 기록물들에 대한 텍스트를 분석하였다.

월간 교육계획안을 통해서 교사의 교육계획을 파악할 수 있었고,

학급운영록은 영아들의 흥미와 상태를 고려하고 융통성을 부여하여 운영된 실제 활동의 학급운영을 볼 수 있었다. 학부모와 교사가 기록한 일일보고서는 영아의 건강이나 심리적 상태에 대한 간단한 기록이지만 영아의 등·하원 시간, 함께 등·하원한 보호자를 파악할 수 있어 매일의 영아 생활을 이해하는 데 많은 도움이 되었다.

생활기록부와 학부모 면담일지는 영아의 어린이집 생활은 물론, 가정에서의 일상적인 생활에 대해 부모와 교사가 함께 이야기 나눈 기록이다. 이 자료를 통하여 주로 등원시간에 연구자가 잠깐 보았던 학부모를 이해하는 데 도움이 되었고 영아와 부모와의 관계나 가정생활을 파악할 수 있었다.

IV

놀이상황에서의
영아와 교사 간의 관계

이 시기 영아는 신체적으로 걷기를 완성하고, 자신의 의사를 말로 표현하는 언어 발달을 이루면서 독립적이고 자율성을 추구하게 된다. 영아는 끊임없이 능동적으로 탐색하고 그로 인해 다른 시기보다 더 많은 좌절을 경험하면서 교사에게 의존적인 모습을 보이기도 한다. 이런 모순된 발달 특징을 보이는 영아들은 노는 동안 교사와 정서적 교감을 통한 관계와 발달적 요구에 기초한 관계를 형성하였다.

A 정서적 교감을 통한 관계 형성하기

보육시설에서 생활하기 시작한 영아들은 교사와 긍정적이고 따뜻한 정서적 관계를 바탕으로 편안함을 느끼게 되면서 어린이집 생활에 적응해 갔다. 교사는 영아가 어린이집이란 낯선 환경에서 엄마 대신 의존할 수 있는 성인으로 자신을 인식할 수 있도록 많이 노력하였다. 교사는 영아의 손짓, 몸짓 등의 비언어적 의사소통을 이해하고 언어로 표현해 주며, 신체적인 접촉을 통해 영아에게 관심과 애정은 물론 위로와 휴식을 제공하는 정서적 교감을 통한 영아와 교사 간의 관계를 형성하였다.

1. 영아의 몸짓과 행동을 이해해 주는 정서적 교감

보육시설 만 1세반에 재원하는 영아는 자신의 요구를 비언어적인 손짓, 몸짓으로 교사에게 표현하였다. 교사는 영아의 손짓, 몸짓언어를 이해하여 영아와 원활한 의사소통을 할 수 있을 때, 영아에게 민감하고 즉각적으로 반응하는 것이 가능하였다. 교사가 영아 곁에서 마음을 정확하게 이해하고 자신이 요구하는 것을 알고 적절한 도움을 주는 것을 반복적으로 경험하면서 영아는 교사에게 신뢰감을 갖고 친밀한 관계를 형성하였다.

학기 초 교사와 영아의 의사소통은 영아의 손짓, 몸짓에 의해 이루어졌다. 교사는 영아의 손짓, 몸짓의 의미를 이해하기 위해 개별 영아를 세심하게 관찰하며 현재 상황은 물론 전·후 맥락을 함께 파악하였다. Keenan(1998)의 선행연구에서 보여준 바와 같이 영아들은 언어적 표현이 미숙하므로 영아반 교사는 아이들과 상호작용하는 데 있어 비언어적 의사소통을 해석하고 반응하는 능력을 키우기 위해 노력하였다.

영아는 아침에 부모와 헤어지면서 엄마를 대신해 자신의 마음을 이해하고 적절한 도움을 주는 성인이 필요했다. 그런데 부모와 자신만의 독특한 몸짓과 얼굴표정 등으로 의사소통을 경험한 영아는 낯선 교사와도 이런 방법의 의사소통이 가능한지 확신할 수 없어 부모와 헤어지면서 더 많은 불안감을 느꼈다. 영아는 자신의 비언어적인 의사표현 방법을 교사가 이해하여 자신의 요구에 적절한 도움을 주었을 때 교사를 믿을 수 있는 사람으로 인식하였다. 영아는 자신이 원하는 것을 교사로부터 도움받는 경험을 하면서 교사를 신뢰할 수 있게 된 이후부터 교실 문을 들어서면서 편안한 마음으로 엄마와 울지 않고 헤어졌다. 영아들의 이런 반복된 경험은 곧 어린이집 1세 영아반의 안정을 찾는 계기가 되었다.

어린이집 적응 프로그램이 진행되던 3월 즈음 17 – 23개월에 해당하는 하늘반 영아들은 자신의 의사를 언어로 표현하기에 미숙하였고 비언어적인 모든 수단, 즉 손짓, 몸짓, 표정, 눈빛, 울음 등으로 교사에게 자신의 의사를 전달하였다. 학기 초, 대부분의 영아는 '예'와 '아니요'의 의사를 단지 고개를 끄덕이거나 가로젓는 단순한 양식으로 교사의 질문에 답할 뿐이었다. 교사는 영아의 상황을 정확하게 파악하고 이해해야만, 영아의 개별적인 요구를 파악하기 위한 질문에 대해 '예'와 '아니요'로만 답하는 영아의 의사를 파악할 수 있었다.

아빠와 함께 등원한 뒤 뭔가 내키지 않는 듯, 책상에 앉아 손가락을 입에 물고 울먹이는 정우 곁에 박 교사가 다가가 물었다. 박 교사는 질문하고 정우는 '예' '아니요'라는 뜻으로 고개를 상·하, 좌·우로 흔들었는데 세 번의 묻고 반응하는 과정을 거쳐 박 교사는 정우의 마음을 알게 되었다. 정우는 자신의 마음을 이해하고

있는 교사에게 먼저 손을 내밀어 친밀한 관계 형성의 첫걸음을 내
딛었다.

(2005.3.29.)

정우는 아빠와 헤어지고 아직은 도움을 청할 만큼 친숙하지 않
은 박 교사와 함께 있으면서 불안하였다. 자신이 필요한 것들을
요구하면 도움을 주던 아빠가 없는 교실에서 정우는 말로 표현할
수 없는 자신의 요구를 교사가 이해할 수 있다고 기대하지 않는
것 같았다. 그런데 교사가 정우에게 다가가 무엇을 원하는지 물어
보고 도움을 주고자 하였다. 교사는 학기 초 항상 우유병을 들고
온 정우에게 우유가 먹고 싶은지 물었고, 정우는 고개를 흔들어
'지금 내가 필요한 것은 우유가 아니야'라고 자신의 의사를 표현하
였다. 교사는 다시 한 번 정우가 울먹이는 이유를 생각하고 간식
을 먹자고 이야기 하였지만, 정우는 '간식을 원하는 것도 아니야'

라고 고개를 강하게 저었다. 교사는 다시 한 번 정우가 울먹이는 이유에 대해 생각하였다. 교사는 현재 상황이 아닌, 어제 어린이집에서 관찰한 정우의 하루일과를 토대로 생각해 보고, 강아지 인형을 안고 즐겁게 놀던 정우의 모습을 떠올렸다. 교사는 지금 정우가 원하는 것은 어제 재미있게 놀면서 아직도 흥미를 갖고 있는 놀잇감일 수도 있다고 예측하고 정우의 요구에 대해 정확하게 질문할 수 있었다.

교사는 정우의 현재 요구를 이해하기 위한 과정으로 정우의 현재 신체적 상태는 물론, 어제 어린이집에서 관찰한 정우의 놀이활동을 생각하고 단순한 '예'와 '아니요'의 몸짓언어를 이해하여 정우의 요구에 민감하게 반응하였다. 울먹이던 정우가 자신의 마음을 이해하고 있는 교사의 손을 먼저 잡고, 일어서면서 울음을 멈추었다. 영아와 보육교사 간 애착 행동이 영아와 어머니의 애착형성과 유사하다(Cathryn L. Kelly, Susan J. Spieker & Tracy G. Zuckerman, 2003; Howes, 1999)는 연구결과에서 보여 주었듯이 정우는 자신과 친밀한 아빠처럼, 자신의 마음을 이해하고 몸짓언어만으로도 정확하게 이해하고 신속하게 요구를 수용해 준 교사를 신뢰할 수 있는 성인으로 인식하였다. 이와 같은 경험이 반복됨으로 인해 정우는 교사와 친밀한 관계를 형성하였다. 교사가 다가가 친밀한 관계를 형성하자 영아는 교사에게 주저하지 않고 가서 도움을 청하였다.

적응 프로그램 이후 부모와 헤어지면서 많이 울거나, 교실에 들어오는 것을 싫어하여 복도나 신체활동실에서 교사와 개별적으로 논 영아들은 교사와 개별적인 시간을 많이 갖게 되었다. 교실 문 앞에서 우는 영아에게 교사는 개별적인 도움을 주기 위해 영아의 작은 움직임도 놓치지 않고 반응하면서 울음과 몸짓언어를 이해하였다. 영아는 지속적으로 신체적, 정서적인 돌보기를 해 주는 성인과 애착을 형성하는데, 영아가 보육교사와 형성한 애착의 질은 신체적인 돌보기보다는 정서적인 돌보기에 의해 형성되었다(Bowlby, 1982; Cathryn L. Kelly, Susan J. Spieker & Tracy G. Zuckerman, 2003)는 연구결과에서 보여 준 바와 같이 보육교사가 영아에게 개별적인 도움을 주면서 몸짓언어를 이해하는 정서적인 관계를 형성하는 것은 교사와 영아 간의 질 높은 애착 관계를 형성하게 되었음을 말한다.

입소 초기 어린이집 생활에 적응하지 못해 퇴소를 염두에 두었던 정우나 준혁이를 위해 교사는 얼굴 표정이나 몸짓 하나하나에 민감하게 반응하였다. 교사가 다가가는 것보다도 더 적극적으로 교사에게 다가가 자신의 의사를 표현하던 영아였지만 유진이도 교사와 상호작용을 하는 과정에서 교사가 자신의 몸짓언어를 이해한다는 것을 깨닫자 교사를 더욱 신뢰하게 되었다. 그런 경험이 누적되면서 유진이는 도움이 필요할 때는 사소한 일에도 주저하지 않고 교사에게 다가갔다. 이처럼 영아들은 자신의 몸짓언어를 이해하는 교사에게 도움을 청하였고 교사로부터 도움을 받는 경험이 누적되면서 교사에 대한 신뢰감이 증진되었으며 친밀한 관계도 형성되었다. 교사와 친밀한 관계를 형성한 영아들은 언제든지 요구가 생기면 서슴지 않고 교사에게 다가갔다. 이처럼 보육교사는 지속적으로 신체적·정서적 필요를 돌보아 주는 과정을 거쳐 애착을 형성하였다(Howes, 1999).

한편, 적응 프로그램을 마치고 엄마, 아빠와 헤어져 교실에 들어오는 데 큰 어려움을 표현하지 않았던 영아들도 있었다. 종서와 호진이는 학기 초부터 부모와 헤어질 때 울지 않고 교실에 들어왔다. 교구장에 제시된 놀잇감이나 놀이 활동을 하면서 그리 힘들지 않게 놀잇감을 활용하며 놀았다. 적응 프로그램을 마치고 등원 때마다 한 달 이상 울며 힘들어하는 영아에게 교사가 먼저 다가가 친밀감을 형성하려고 노력하던 모습과는 대조적이었다. 이런 영아들은 교사가 개별적으로 도움을 줄 수 있는 상황이 아니어서 영아가 교사에게 다가가 친밀한 관계를 형성하기 위해 노력하였다.

즉 입소 초기 3, 4월, 등원 때마다 힘들어하며 울고 떼쓰던 영아들은 교사가 개별적으로 다가가 도움을 주었지만, 쉽게 교실에 들어오면서 교사에게 주의를 받지 않았던 영아는 교사와 개별적인 상호작용의 기회가 많지 않았다. 이런 영아는 교사가 다가가 민감하게 관찰하고 도움을 주는 경험이 적었고, 교사로부터 자신의 요구를 수용받는 경험이 부족하였다.

그런 영아 중 호진이는 적극적으로 교사에게 다가가지 못하고 교사와 한 걸음 떨어진 곳에서 서성거리는 영아였다. 교사는 물론 실습교사, 관찰생, 대체교사, 영양사 등 성인이 교실에 들어오면 호진이는 성인의 관심을 받고 싶어 주변을 맴돌았다. 항상 성인과 친밀한 관계를 맺고 싶어 하면서도 적극적으로 다가가 자신의 의사를 표현하지는 못하였다.

호진이는 자신이 도움을 받고 싶은 상황에서도 쉽게 교사에게 다가가지 못하였지만, 교사와 친밀한 관계를 맺을 수 있는 단서를 발견하기 위해 노력했다. 학기 초 신체활동실에 가거나 바깥놀이터에 가기 위해 놀잇감을 정리정돈하는 것은 전적으로 교사의 몫이었다. 놀잇감을 정리정돈하자는 교사의 이야기에 모든 영아들은 환호성을 지르며 좋아하면서도 놀잇감을 정리하지는 않았다. 아니, 정리하지 않았다기보다 못하였다. 하늘반 영아들은 하던 놀이를 중단하는 것 자체도 쉽지 않았고, 놀잇감을 정리하는 것은 결코 영아들에게 흥미 있는 활동이 아니었다. 그렇지만 학기 초부터 호진이는 다른 영아들이 관심 갖지 않던 놀잇감을 열심히 정리하면서 교사로부터 칭찬과 격려를 받고자 하였다. 교사가 자신에게 다가오는 경험이 많지 않은 호진이는 다른 영아들이 관심 갖지 않던 놀잇감을 정리하는 동안 교사의 격려와 칭찬을 받으며 정서적 지원자로서의 교사와 관계를 맺고 싶어 했다.

바구니에 레고 블록을 넣는 김 교사 주변에서 호진이가 블록을 들고 김 교사의 얼굴을 응시한다.
김 교사가 곁에서 정리하는 호진이를 발견한다.
김 교사: 와! 호진이가 레고 블록을 정리하네. 호진이가 정리대장이다.
호진: ……
어깨를 쫙 펴고 선 호진이는 레고 블록을 모두 정리할 때까지 김 교사 곁에서 놀잇감을 정리한다.

(2005. 4. 12.)

박 교사: 하늘반! 우리 놀잇감 정리하고 바깥놀이 나갈까요?
영아들: 와~~! 야!
모든 영아들이 좋아서 제자리에서 펄쩍 뛴다.
박 교사: 여기 인형이 있네. 인형이 집에 가고 싶대요. 누가 집에 데려다 줄래요?
많은 영아들 중 유일하게 호진이가 뛰어와 박 교사에게 인형을 받아 든다.

(2005. 5. 3.)

이렇게 호진이는 교사와 친밀해지고 싶은 욕구를 자유놀이 시간에 채우지 못했지만, 놀잇감을 정리하여 교사의 칭찬과 격려를 해 주는 교사와 관계를 형성할 수 있었다.

아직 언어로 의사소통 능력이 충분하지 않은 만 1세 영아반에서 영아들의 각종 신호와 단서를 민감하고 빠르게 파악하여 각기 다른 요구를 가진 개별 영아에게 도움을 주는 것은, 정서적 지원자로서 교사가 영아와 친밀한 관계를 형성할 수 있는 가장 기본적인 방법이었다. 걸음마기 영아를 돌보는 교사는 신뢰할 수 있고 안정적이고 개별적인 양육을 해야 하고 영아들의 언어로 감정을 대신 표현해 줄 수 있어야 한다는 연구결과에서 알 수 있듯이(Greenberg, 2000), 영아반 교사는 영아에게 개별적으로 다가가야 친밀한 관계를 형성할 수 있었다.

영아의 몸짓언어 이해를 통해 교사가 영아에게 적절한 도움을 주게 되면서 아이들은 교사를 신뢰하게 되었고 교사와 친밀한 관계도 형성하게 되었다. 그러자 영아는 엄마가 없는 교실에 편안하게 들어가기 시작하였다. 이런 과정을 통해 영아는 어린이집에 적응하게 되었고 학급도 안정을 찾게 되었다. 영아의 몸짓언어는 타인들이 만들어 놓은 언어가 아니라 영아 자신의 정서를 반영해 주는 것이기 때문에 영아반 보육교사는 개별 영아를 민감하게 관찰하고 다양한 방법으로 노력해야만 영아의 정서 상태를 파악하고 정서적 지원자가 되어 영아와 애착관계를 형성할 수 있었다.

2. 영아의 몸짓과 언어를 표현해 주는 정서적 교감

영아는 교사에게 자신의 의사를 표현하기 위해 몸짓언어 단어로 많은 이야기를 하고자 했다. 어린 아기의 울음이나 "엄마"라는 한 단어 속에 '엄마, 우유주세요', '엄마, 기저귀가 젖었어요'라는 다양한 표현이 함축되어 있는 것처럼, 영아가 놀면서 교사에게 건네는 한두 개의 어휘 속에 영아는 많은 의미를 이야기하고 있었다. 특히 상징놀이가 중요한 발달적 측면인 이 시기 영아는 놀잇감 한두 개를 들고 목적지가 있기라도 한 듯 교실 안에서 바삐 움직였다. 말로 표현하지는 못하지만 교실 안에서 영아의 반복된 움직임은 나름대로 놀이 주제를 정하고 역할을 수행하기 위한 분주한 행보였다. 교사는 영아가 놀면서 하는 한두 마디의 말이나 비언어적인 몸짓을 이해하고 이를 다시 언어로 표현해 주면서 영아와 정서적 교감을 나누었다.

영서는 헝겊 가방에 플라스틱 그릇과 모형과일을 가득 넣고 교실을 돌아다니던 중 교사에게 다가가 말을 건넸다. 다른 영아와 활동하느라 자신을 계속 지켜보지 않던 교사에게 "시장가요"라고 말했다. 교사는 영서의 짧은 한 마디의 말을 듣고 영서가 현재 어떤 놀이를 하고 있는지 이해하였다. Holloway와 동료들(1988)은 영아와 교사의 상호작용에서 교사가 따뜻한 반응, 긍정적 반응, 의견 존중, 느낌이나 사고를 언어화해 주는 행동으로 영아를 격려해 줄 수 있다고 하였는데 본 연구에 참여한 교사 역시 어휘나 몸짓을 이해하면서 언어로 다시 표현해 주었고 따뜻하고 긍정적인 행동을 많이 하여 영아를 격려하였다.

영서는 플라스틱 컵을 접시에 받쳐 들고는 교사에게 "꺼삐"라며 건네주었다. 교사가 "맛있어요" 혹은 "잘 먹었습니다"라고 하면서 다음에는 우유를 먹고 싶다고 이야기하자 영서는 그 이후 놀이를 하면서 교사에게 우유를 주었다.

> 영서가 창의영역 싱크대에서 헝겊가방에 모형과일을 가득 넣고 교실을 돌아다닌다.
> 영서: 시장가여
> 박 교사: 영서가 맛있는 과일도 사고 우유도 사러 시장에 가요?
> 영서: (모형과일만 가득한 가방을 들여다보고는, 창의영역으로 가서 노란 플라스틱 병을 가방에 넣는다. 박 교사에게 다가가 가방 안에 있는 놀잇감을 보여준다.)
>
> (2005. 8. 17.)

교사는 영서의 한마디 말을 듣고 분주하게 교실 안을 돌아다니는 영서의 목적지가 시장이었다는 것을 알 수 있어서, 시장에 가서 구입할 수 있는 과일과 우유를 사러 가느냐고 물었다. 영서는 박 교사의 이야기를 듣고 자신의 가방 안에 모형과일은 가득하지만 우유가 없다는 것을 알았다. 교사의 이야기처럼 우유를 사기 위해 창의영역에 가서 플라스틱 병을 가방 안에 넣었다. 이제는 교사가 한 이야기처럼 과일과 우유를 사고 시장놀이를 마쳤다.

> 영서는 창의영역 싱크대에서 플라스틱 컵을 접시에 받쳐 들고 김 교사에게 다가가 건네준다.
> 영서: 꺼삐
> 박 교사: 따뜻한 커피예요? 선생님이 마실게요. 잘 먹었습니다. 그런데 나는요, 몸이 튼튼해지는 우유도 좋아해요. 다음에는 우유를 주세요.
>
> (2005. 8.19.)

　박 교사는 영서가 가져다 준 커피를 받으면서, 다음에는 영서가 몸이 튼튼해지는 우유를 주면 더 좋겠다고 이야기하였다.

　영서에게 시장에 가서 우유도 사느냐고 묻던 교사의 말을 듣고 영서는 우유병으로 대체할 수 있는 놀잇감을 가방에 넣었다. 며칠 뒤 영서는 교사에게 커피를 건네주었는데 교사는 영서에게 다음에는 우유를 먹고 싶다고 이야기하였다. 영서는 그 이후 놀면서 박 교사에게 여러 번 우유를 주었다. 이렇게 영서는 혼자 시장놀이를 하고 교사에게 커피도 주고 우유도 주면서 다른 영아와 놀고 있는 박 교사와 지속적으로 관계를 맺었다. 또한 박 교사와 나눈 이야기를 생각하면서 놀이를 확장해 나갔다. 교사가 언어로 표현해 줌으로써 영서의 놀이가 확장될 수 있었고 정서적으로도 영서와 교감을 나눌 수 있었다.

정우야! 할머니가 정우 점심 많이 먹고 놀고 있으면 빨리 오신대.

(2005. 7. 12.)

영아들은 전화놀이를 하면서 항상 같이 지내고 싶은 엄마, 아빠를 대상으로 많은 이야기를 나누었다. "빨리 오세요", "과자 사 갖고 오세요", "아이스크림 사 갖고 오세요" 등 영아마다 하고 싶은 이야기는 달랐지만, 영아들은 주로 엄마나 아빠가 어린이집에 빨리 왔으면 하는 바람과 어린이집에서 자주 먹을 수 없던 과자나 아이스크림 등을 사오라는 이야기도 하였다. 영아가 전화놀이를 하는 동안 하늘반 교사는 영아의 비언어적인 의사소통을 해석하고 반응하기 위해 세심하게 관찰하고 있다가 단순한 영아의 몸짓이나 한 두 마디의 말을 영아가 의도하는 내용을 문장으로 말해 주었는데 이는 영아와의 상호작용에서 교사는 비언어적인 의사소통을 해석하고 반응하는 능력을 가져야 한다고 한 Keenan(1998)의 연구결과와 일치한다. 연구 참여교사들은 영아의 손짓, 몸짓에 담긴 의미를 계속 파악하여 끊임없이 부언 설명하고 있었다.

영아가 말하는 한 단어 표현은 간단한 형식의 언어 유형이지만 몸짓, 발성, 억양을 포함하는 상황이 첨가되어 그 기능이 소통적이며 상당한 의미가 내포되어 있다(주영희, 2001). 이를 이해하는 교사들은 영아의 생활을 이해하고 놀이상황을 파악하고 있다가 말로 설명해 주기 때문에 영아들은 "맞아, 맞아, 선생님은 어떻게 내 마음을 그렇게 잘 알아?"라고 말하고 싶을 만큼 정확하게 영아의 마음을 언어로 표현해 줄 수 있었다. 본 연구에 참여한 교사도 영아와 이야기를 나누면서 영아의 놀이를 확장시켜 주었고 영아와 정서적 교감을 나눌 수 있었다.

정우는 창의영역에서 준비한 음식을 교사에게 주면서 놀이 파트너로 교사를 선택하는 경우가 많았다. 자동차 놀이를 하던 정우, 호진, 종서는 교사가 곁에서 이야기해 주면 더 즐거워하면서 자신감 있게 놀았다. 교사는 자동차 놀이를 하는 영아들에게 누구와 함께 자동차를 타고 가는지, 자동차를 타고 어디에 가는지 등 자동차와 관련된 영아의 실생활에 대해 질문하였고, 영아들은 교사의 질문에 답하기 위해 곰곰이 생각하곤 하였다. 자동차를 손에 쥐고 바퀴를 굴리다가 교사가 다가가 물어보면, 표현하지 않던 많은 생각들을 하나씩 이야기하였다. 영아는 놀면서 한두 단어나 몸짓으로 놀이상황을 보여 주고 교사는 관심 있게 영아의 놀이를 지켜보다가 풍부하고 다양한 언어로 이야기해 주면, 영아들은 자신의 놀이에 더욱 많은 의미를 부여할 뿐 아니라 놀이를 가치 있는 활동으로 인식하는 것으로 보였다. 영아들은 새로운 기술을 익히고 획득하기 위해 끊임없이 신체활동을 반복하는데 이런 반복적인 활동으로 영아들의 신체적 조절능력이 향상되었다. 영아들의 인지발달도 영아들이 탐색행동 과정에서 형성된다(Hughes,1995)는 연구결과처럼 연구 참여 영아는 교사의 언어표현에 의해 인지발달을 돕는 놀이에 몰입하였다.

정우: 붕~부~
박 교사: 정우야! 누가 운전해?
정우: 아빠
박 교사: 그럼 아빠 옆에는 누가 타고 있어?
정우: 정우
박 교사: 정우 아빠가 운전하시고 정우는 옆에 타고 있구나. 와! 정우
　　　　좋겠다. 근데 지금 정우랑 아빠랑 빠방 타고 어디에 가는 건데?
정우: 어~

(2005. 6. 24)

종서는 싱크대에서 모형배추 2개를 들고 우물우물 씹어 먹었다. 박 교사는 종서가 가지고 온 배추를 보고는 김치를 담가서 먹자고 이야기하였다. 박 교사는 모형딸기나 모형포도와는 다르게 배추로 김치를 만든다는 이야기를 해 주므로 김치와 배추의 다른 점에 대해 연결 지을 수 있도록 한 것이다.

종서: (창의영역에서 그릇과 배추모형을 들고 싱크대 수도꼭지에서 닦고
　　　는 자신의 입에 대고 우물우물 씹는 척한다. 박 교사에게 다가가
　　　두 손에 든 배추모형을 맞부딪친다.)
박 교사: 종서가 배추를 두 개 가지고 왔어요?
종서: 자랑스러운 듯 웃으며 박 교사에게 양손에 든 배추를 보여준다.
박 교사: 종서야 우리 종서가 가지고 온 배추로 김치 담가서 맛있게 먹
　　　을까?
종서: (웃는다.)
박 교사: 자, 이렇게 배추를 반으로 잘라서……
　　　(반으로 나누어지는 모형배추를 플라스틱 칼로 반을 잘라 보인다.)
종서: (웃으면서 박 교사를 바라보다가 배추를 반으로 나눈다.)

(2005. 9. 16.)

영아들은 노는 동안 교사의 관심을 끌며 대화하면 교사와 더 오랫동안 놀 수 있음을 알게 되었다. 실제로 교사가 영아의 놀이에 관심을 갖고 때때로 격려해 주면 놀이에 대한 영아의 흥미가 지속되었다. 놀이 중 교사가 질문을 하면 영아는 이 질문에 대해 다양한 생각을 하게 되었다.

영아기는 언어 발달이 급격하게 이루어지는 시기이기 때문에 교사가 일상생활 중에 상황이 일어날 때마다 말로 설명해 주고, 영아의 이야기를 듣고 언어로 다시 표현해 주면 영아의 언어능력은 향상된다. 또한 영아가 놀면서 하는 짧은 어휘와 몸짓언어를 교사

가 이해하고 말로 되짚어 표현해 주면 영아는 놀이를 더 즐겁게
했다.

> 유진이가 탐색영역에 앉아 있는 김 교사에게 프라이팬을 들고 가서 내민다.
> 김 교사: 무엇으로 먹어요? 이잉…… 난 포크로 먹고 싶은데, 포크가 필
> 요해요. 포크도 갖다 주세요.
> 유진: (얼른 창의영역으로 달려가 포크를 들고 김 교사에게 건네준다.)
> 김 교사: 포크도 주어서 고맙습니다. 그런데요 감자는 뜨거우니까 호호
> 불어서 식혀서 먹을래요. (감자를 호호 분다. 그리고는 감자와
> 포도를 두서너 번 입가에 대어 본다.)
> 유진: (빙긋이 웃으며 김 교사를 바라본다.)
> 김 교사: 맛있게 먹었어요.
> 유진: (김 교사에게 프라이팬을 건네받고 싱크대에 넣은 뒤 프라이팬 위
> 에 다시 한 번 샴푸 통을 거꾸로 뒤집어 꾹 눌러 짠다. 그리고는
> 수도 아래에 대고 두 손으로 문질러 그릇을 닦는다.)
>
> (2005. 8. 16.)

놀고 있는 영아를 관찰하면서 제공하는 교사의 언어표현은 영아
의 놀이를 좀 더 복잡한 인지적 놀이로 확장하게 하였을 뿐 아니라
놀이에 대한 영아의 만족감도 높였다. 결과적으로 영아는 교사를 놀
이친구로서 인식하여 교사와 더 친밀한 관계를 형성하게 되었다.

3. 관심과 애정의 요구에 대한 정서적 교감

영아가 교사로부터 관심과 애정을 받고 있다는 확신을 가질 수
있게 하는 가장 강력한 전달방법은 신체적 접촉이었다. 모든 영아
들은 교사와의 신체적 접촉을 무척 즐거운 경험으로 받아들였다.

교사는 영아가 가정에서처럼 편안하고 안정감을 갖도록 영아의 요구에 신속하게 대처하기 위해 노력하는 동안, 교사의 무릎에 영아를 앉게 하거나 안아 주고, 어루만져 주고 손을 잡아 주는 등 신체적 접촉을 많이 하였다.

영아가 보육시설에서 머무는 시간이 길어 피로하거나 기분이 불안정할 때, 영아는 교사 곁에서 전적으로 교사의 보호를 받고 싶어 하였다. 특히, 교사는 신체적 접촉을 통해 안전기지로서 영아와 밀접한 관계를 맺었다. 교사 대 영아의 비율이 높은 1세반 교실에서 영아들은 교사의 무릎 위, 교사의 품속에 정말 머물고 싶어 했고 교사와 손바닥을 치거나 손을 잡으면서 교사 곁에 가까이 있고자 하였다.

> 형주는 손을 잡으면 힘을 주고 뿌리치면서 좋아하지 않으니까 손을 안 잡게 돼요. 그렇다고 이름을 불러 준다고 다가오는 것도 아니고…… 그러다 보니까 자꾸 우리 반 아이라는 생각보다는 그냥 보호해 주어야 하는 그런 아이처럼 느껴져요.
> 영서나 호민이는 놀다가 눈이 마주치면 달려오고, 팔을 벌려 주면 아이들이 품으로 뛰어오고 ……그렇다고 한참도 아니고 잠깐 안아 주면 웃고 금방 또 놀이하고 그러잖아요. 그러니까 자꾸 잠깐 동안이라도 한 번씩 안아 주게 되거든요. 그래서 그런지 더 예쁘기도 한 것 같아요.
> (2005. 4. 27. 교사 면담)

형주는 교사와 손을 잡는 것조차도 좋아하지 않아서 신체활동실에 가거나 실외놀이터에 나갈 때 교사는 형주 곁에서 지켜보기만 하였다. 형주가 신체접촉을 별로 좋아하지 않을 뿐 아니라 오히려 불편해했기 때문에 형주는 교사와 거의 신체적인 접촉을 하지 않았다. 신체활동실에서도 다른 영아들이 신나는 음악에 맞춰 달릴 때 안전을 위해 교사가 손을 잡아도 뿌리쳐서 교사들은 형주가 안전하게 달릴 수 있도록 손을 잡지는 않은 채 형주 곁에서 함께 달렸다.

그런데 여름 무렵부터 형주가 두드러지게 교사 곁에 머물며 교사와의 신체접촉을 즐기면서 교사에게 다가가자 교사는 형주와 신체를 접촉하면서 많은 놀이를 하였다.

다른 영아들은 교사의 손을 잡거나 교사의 품속에 안기는 것을 즐기는 것에 비해 형주만은 예외였다. 다른 영아들은 교사와 신체접촉을 하면서 노는 즐거움을 가장 큰 즐거움으로 생각했다면 형주는 교사와 신체를 접촉하는 놀이를 가장 피하고자 하던 영아였다. 그런 형주가 여름이 되면서, 교사 곁에서 신체접촉을 즐기면서 교사들도 형주와 더 가깝게 느꼈다.

　형주가 교실 문 앞에 서서 움직이지 않자 김 교사가 다가가 형주의 목 부분에 손을 넣어 신체접촉을 하면서 놀이를 시작했다. 형주가 예전에는 싫어하던 교사의 신체접촉을 이제는 오히려 즐겁게 받아들였다.

> 김 교사: 간질~ 간질~ 형주야! 간지럽지?
> 형주: (온 몸을 움직이면서 얼굴에 웃음이 가득하다.)
> 김 교사: 형주야! 우리 북 치러 갈까? 아니면 윙~ 소리 나는 그림책 보러 갈까?
> 형주는 김 교사를 따라가면서 김 교사의 손을 잡아 자신의 목덜미에 가져간다.
>
> (2005. 10. 13.)

　형주가 교사와 손잡는 것을 좋아하지 않다가 손을 잡고자 했고, 신체접촉을 좋아하게 되자 하늘반 교사는 물론 잠시 만나는 당직 교사와도 긍정적 관계를 갖게 되었다. 형주가 교사에게 다가가자 교사들은 형주와 정서적으로 친밀한 정서를 갖고 다가가 신체적인 접촉을 더 많이 시도하였다. 여름이 지나고 가을로 접어들면서 교사들은 형주와 신체적인 접촉을 통해 따뜻한 정서를 교환하였다.

　영아들은 신체활동실에서 함께 음악에 맞춰 달리다가 교사가 손을 잡으면 교사의 손을 끝까지 놓지 않고 달렸다. 또 달리기를 하다가 지친 영아가 바닥에 앉으면 교사는 영아에게 다가가 가볍게 간지럼을 태우곤 하였는데, 영아들은 교사와 달리기를 할 때 빨리 달리기보다는 뒤를 돌아보면서 교사에게 잡힐 듯 가까운 거리를 유지하였다. 혹은 일부러 바닥에 주저앉으면서 교사가 자신에게 다가가 간지럼을 태우거나 안아 주고 손을 잡아 주기를 기대하였다.

신체활동실에서 유진, 호진, 호민, 형민, 성균, 영서, 준혁, 정우, 종
서가 김 교사와 함께 매트 주위를 돌고 있다.
김 교사: 와! 정말 빨리 달리네. 유진이 잡을까? 아니면 호진이 잡을까?
　　　　누구를 잡을까? 정말 너무 잘 달려서 아무도 잡을 수가 없는데.
영아들: (뒤를 돌아보면서 달리는 속도가 갑자기 느려진다.)
김 교사: 와! 하늘반이 이젠 정말 잘 달린다.
영아들: (뒤를 돌아보고는 제자리에 서서 김 교사가 자신에게 다가가기
　　　　를 기다린다.)
성균: (달리던 반대방향으로 달려가 김 교사에게 안긴다.)
호민, 영서, 종서, 호진이도 성균이를 따라 반대 방향으로 달려가 교사
곁으로 간다.
(2005. 9. 23.)

신체활동실 입구에서 교사와 영아가 한 명씩 팔꿈치 뽀뽀를 하
고 신체활동실에 들어가자고 김 교사가 제안하자, 영아들은 교사와
팔꿈치를 마주대고 톡톡 부딪치는 놀이를 하였다. 교사와 1 : 1의
개별적인 신체접촉을 하는 것은 언제라도 영아가 신나게 하는 놀
이였다.

신체활동실 문 앞에서 김 교사와 영아들이 마주 보고 앉는다.
김 교사: 하늘반! 우리 선생님하고 팔꿈치 뽀뽀를 하고 한 명씩 신체활
동실에 들어가서 놀이할거예요. (영아들 앞으로 팔꿈치를 내보인다.)
영아들: (팔꿈치를 내보이며 자신을 불러 주는 교사의 말을 듣고자 교사
　　　　를 바라보면서 귀 기울인다.)
김 교사: 성균아! 팔꿈치 뽀뽀
영아들: (교사가 한 명씩 이름을 불러주면 신이 난 얼굴로 교사에게 다가
　　　　가 팔꿈치를 마주대고 톡톡 부딪치고 신체활동실 안으로 들어간다.)
(2005. 9. 9.)

영아들은 교사 곁으로 다가가 교사의 팔꿈치에 자신의 팔꿈치를
맞대고 교사와 신체접촉을 하면서 너무나 즐거워하였다. 교실에서

놀다가 신체활동실로 이동한 뒤에는 공간 변화로 인해 교사에게 주의집중하지 않았다. 그렇지만 이렇게 팔꿈치 뽀뽀를 하면서 교사에게 귀 기울이고 신체적으로 모든 영아가 교사와 신체적 접촉을 한 뒤에는 신체활동실에 들어서서 교사의 이야기와 움직임을 민감하게 지켜보았다. 영아들은 신체활동실 볼풀장에서 뛰어내리거나 실외놀이터에서 미끄럼틀을 타고 내려오면서 교사와 자신의 손바닥을 마주쳤다.

자전거 길을 한 바퀴 돌아온 종서, 영서, 유진, 성균이는 박 교사 곁을 지날 때 손바닥을 들어 박 교사와 자신의 손바닥을 마주쳤다. 박수 소리가 나면 밝게 웃고 다시 자전거를 탔다. 한 바퀴를 돌아 다시 왔을 때 박 교사가 자리를 옮기자 영아들은 타던 자전거를 두고 박 교사 가까이 다가가 또 손바닥을 마주쳤다. 영아들은 새로운 기술을 익히고 획득하기 위해 끊임없이 신체활동을 반복하는데 이런 반복적인 활동으로 영아들의 신체적 조절능력이 향상되었다(Hughes,1995). 영아들은 교사와 신체적 접촉을 하는 즐거움을 느끼기 위해 더욱 긴 시간 동안 자전거를 탔다. 즉 자전거를 타고 신체를 움직이는 놀이도 즐겁지만 자신에게 관심과 애정을 표현하는 교사와의 신체적 접촉이 노는 즐거움을 더 큰 기쁨으로 인식하고 더 오랫동안 자전거를 탔다.

자전거 길 위에서 종서, 영서, 유진, 성균이가 자전거를 타고 한 바퀴 돌아온다.
박 교사: 와! 하늘반, 이제는 자전거도 잘 타네. 진짜 형님반 같다! (영아들은 지나갈 때 손바닥을 들어 보인다.)
영아들: (자전거를 타고 박 교사 곁을 지나면서 잠시 멈추고 박 교사와

손바닥을 마주쳐 소리 낸다.) 박 교사는 평상에 있는 형주를 보
기 위해 자리를 옮긴다. 영아들은 박 교사와 손바닥을 마주치면
서 격려 받기 위하여 잠시 자전거 길 밖으로 갔다가 돌아와 자전
거를 탄다.

(2005. 11. 23.)

영아들은 짧은 순간만이라도 교사와 신체적인 접촉을 하고 싶어
했다. 손바닥을 마주치는 잠깐의 격려는 물론 간지럼을 태우거나
손잡기 등을 통해 교사의 관심과 애정을 느끼고 싶어 하였다. 영
아는 교사로부터 관심과 애정을 받고 있다는 것, 즉 정서적 교감
의 효과적인 방법으로 신체접촉을 통해 느꼈고 교사와 친밀한 관
계를 형성하였다.

> 영아반 교사는 정말 건강해야 하는 것 같아요. 아이들은 선생님이 안아
> 주거나 무릎에 앉아 있는 것을 너무 너무 좋아해요. 어떤 때는 무릎 위
> 에 2-3명이 앉으려 하기도 해요. 아이들을 다 무릎 위에 앉게 하고 싶
> 지요. 학기 초에는 그래도 괜찮지만 조금 더 지나면 아이들이 많이 커서
> 다리가 더 아파요. 정말 영아반 교사는 안 아픈 데가 하나도 없지만, 손
> 목이나 허리가 아프고 무릎도 아플 때도 많아요. 아이들을 안아 주기만
> 하는 선생님이 더 있었으면 좋겠어요. 비 오는 날은 쑤실 정도라니까요
> (두 교사가 마주보고 웃는다)
>
> (2005. 5. 10. 교사와의 면담)

영아반 교사의 이야기처럼 영아는 교사가 부드럽게 안아 주거나
어루만져 주고 손바닥을 마주쳐 주는 등의 다양한 신체적인 접촉
을 통해 교사와 자신이 정서적으로 교감하고 있다고 인식하는 것
으로 보였다.

4. 휴식과 위로의 요구에 대한 정서적 교감

영아들은 교사와 신체적 접촉을 하는 동안 교사의 무릎이나 품을 언어영역의 쿠션이나 둥근 놀이집보다 훨씬 아늑한 휴식영역으로 활용하였다. 교사에게 위로받고 싶지만 도움을 받을 수 없었던 영아라도 조금씩 교사에게 다가가 무릎에 앉거나 품에 안겼다가 밝은 얼굴로 놀던 영역으로 다시 돌아갔다.

유진이는 놀다가 성균이에게 한 대 맞고는 자신의 슬픈 마음을 위로받고자 김 교사에게 다가갔다. 유진이는 자신이 우는 이유를 몸짓으로 교사에게 알렸다. 김 교사는 몸짓만으로 상황을 파악하고 유진이의 맞은 부분을 쓰다듬어 주며 위로하였다.

> 유진: 앙~~
> 성균: (유진이를 때리고 창의영역으로 가 버린다.)
> 유진: 아앙~
> 　　　(김 교사에게 다가가 더 큰소리로 울며 성균이를 가리킨다.)
> 김 교사; 유진아! 성균이가 왜? 성균이가 유진이 속상하게 했니?
> 유진: (고개를 끄덕이며 오른손으로 자신의 왼쪽 어깨를 친다.)
> 김 교사: 성균이가 유진이 어깨를 아프게 했구나?
> 　　　(유진이의 왼쪽 어깨를 쓰다듬어 준다.)
> 유진: (고개를 끄덕인다.)
> 김 교사: 그래서 유진이가 아프고 속상했나 보다!
>
> 　　　　　　　　　　　　　　　　　　　　(2005. 4. 1.)

유진이는 김 교사에게 성균이가 자신의 왼쪽 어깨를 때려 아프다고 말하고 싶었던 것이다. 유진이가 김 교사에게 요구하는 것은 자신의 상한 마음을 김 교사가 이해해 주는 것이었다. 또한 성균이에게 맞은 자신의 왼쪽 어깨를 따뜻하게 어루만져 주는 교사의 손길을 기대 했다. 유진이는 교사가 성균이를 불러 야단치는 것보다는 자기의 맞은 부분을 따뜻하게 어루만져 주는 행동에서 위로 받았다. 교사의 손길만으로도 유진이는 울음을 멈추고 하던 놀이를 계속하였다. 영아는 지속적으로 신체적, 정서적으로 돌보아 주는 성인과 애착을 형성하는데, 영아가 보육교사와 형성한 애착의 질은 신체적인 돌보기보다는 정서적인 돌보기에 의해 형성된다(Bowlby, 1982; Cathryn L. Kelly, Susan J. Spieker & Tracy G. Zuckerman, 2003). 성균이에게 맞아 속상한 유진이의 신체를 어루만져 준 교사는 아이의 마음을 위로해 주었다. 영아반 교사는 신체적·정서적으로 아이를 위로하면서 친밀한 관계를 형성하게 되었고 영아들은 교사를 엄마처럼 신뢰하고 쉽게 다가가게 되었다. Howes(1999)의 연구 결과처럼 영아를 돌보는 교사의 신체적 돌보기는 정서적 지원의 기초가 된다. 즉 영아기에는 신체적 돌보기와 정서적 지원이 거의 동시에 일어난다.

영아반 교실에서는 하루에도 여러 번 또래 간 갈등이 발생하였다. 그때마다 영아들은 자신을 때리거나 놀잇감을 빼앗은 또래가 교사로부터 훈육을 받기보다는 교사가 자신을 어루만져 주고 안아 주는 등 신체적인 접촉을 통한 위로를 줄 것을 더 많이 기대하였다. 교사는 영아가 또래로부터 맞은 부분을 어루만져 주고, 쓰다듬어 주며 안아 주어 신체적인 위로를 주었다. 영아의 속상한 마음을 언어로 표현해 주기도 하였는데 이러한 교사의 반응으로 인해 대부분의 또래 갈등은 종료되고 다시 놀이가 시작되었다.

성균이가 엄마와 함께 등원하였는데, 다리를 절면서 교실에 들어왔다. 김 교사가 성균이의 다리가 왜 불편한지 묻자, 성균이 엄마는 아이가 힘들어서 그런 것 같다고 이야기하고는 출근하였다. 그날 성균이는 김 교사의 품에 하루 종일 안기고 싶어 하였다.

이처럼 영아들은 몸이 피곤하거나 많이 쉬고 싶을 때 편안한 매트나 쿠션보다는 교사의 품 안에 오래 머물면서 위로받고자 하였다. 영아는 힘들거나 아픈 만큼 교사의 품에 오래 머물고 싶어 하지만, 교사는 다른 영아와도 놀아 주어야 하고 도와주어야 하기 때문에 성균이를 계속 안고 있을 수 없었다. 성균이가 김 교사의 품에서 나오지 않으려 하자 김 교사는 다른 영아들에게 다가갈 때 성균이의 손을 잡고 함께 이동하였다. 한 주일 동안 다리를 절룩거리며 불편한 걸음을 걷던 성균이는 한 주 동안 교사 곁에서 손을 잡고 함께 있고 싶어 하여 교사와 오랫동안 손을 잡고 지냈다.

바깥놀이터에서 자전거를 타다가 넘어져 울고 있는 호민이에게
교사가 다가가 상처를 확인하고 안아 주자, 호민이는 잠시 몸의
상처를 치료받은 듯이 울음을 멈추고 다시 자전거를 탔다.

호민이가 자전거를 타다가 넘어져 울면서 일어난다.
김 교사: (급히 달려가 호민이를 안고 무릎을 살펴본다.)
호민아! 넘어져서 아팠겠는데, 와! 씩씩하게 일어났구나.
호민: (울다가 고개를 끄덕이면서 김 교사의 품에 기댄다.)
김 교사: 호민아! 넘어졌는데도 무릎은 안 다쳤어, 다행이다. 그치? 우
　　　　리 잠깐 쉬었다가 또 자전거 탈까?
호민: (울음을 멈춘다.)
김 교사의 품에서 나와 다시 자전거를 탄다.

(2005. 9. 16.)

놀잇감을 조작하다가 퍼즐을 구멍에 맞추지 못해 좌절했을 때,
또래들에게 놀잇감을 빼앗겼을 때, 교사의 도움을 받지 못할 때
영아들은 교사와 신체접촉을 하며 휴식과 위로의 정서적 교감을
원하였다.

헝겊피자를 찾던 성균이가 호민이가 들고 다니는 가방에서 모형과일과
헝겊피자를 보았다.
성균: (호민이에게 달려가 가방에 든 헝겊피자를 움켜쥔다.)
호민: (빼앗기지 않으려고 두 손으로 움켜쥔다.)
성균: (호민이의 손에서 힘껏 빼내어 헝겊피자를 손에 쥔다.)
호민: (뒤돌아 성균이를 보면서 박 교사에게 달려가 품에 안기며 소리친
　　　　다.) 야아 앗~!

(2005. 10. 2.)

또한 또래에게 놀잇감을 빼앗기고 자신의 화난 정서를 큰소리로
표현하고 싶지만 자신보다 큰 아이와의 갈등이 두려웠던 호민이는

교사의 품 안에 뛰어들며 불쾌한 감정을 표현하였다. 또래의 놀잇감을 갖고 싶어 가방에 넣었지만 성균이가 찾으러 왔을 때 놓치고 싶지 않은 놀잇감을 빼앗기면서 자신의 분노를 마음껏 표현하고 안전을 보장받을 수 있는 유일한 휴식처라고 생각하는 교사의 품을 찾았다. Greenberg(2000)에 의하면 걸음마기 영아 교사는 신뢰할 수 있고 안정적이어야 하며 개별적으로 양육을 해야 한다. 영아들이 화가 났을 때 언어로 자신의 감정을 표현할 수 있도록 격려해야 한다고 했는데, 호민이는 자신을 지지해 주는 교사의 보호 아래 자신의 감정을 표현하였다. 한편 성균이에게 놀잇감을 빼앗긴 호민이는 교사에게 달려가 자신의 상황을 알리고 교사의 품 안에서 위로받는 동안 빼앗긴 놀잇감은 잊어버리는 것으로 보였다.

정우: (긴 끈에 구슬을 가득 꿰고 앞, 뒤로 흔들며 교실 안을 돌아다닌다.)
김 교사: 구슬 꿴 끈을 흔들면 다른 친구가 맞아서 아플 거야, 정우야! 이제 정리하자.
정우: (구슬 꿴 끈을 계속 흔든다.)
호진: 와앙! (얼굴을 맞고 아파 운다.)
김 교사: 정우야! 구슬 꿴 실을 이렇게 세게 흔들면 다른 친구가 맞아서 아프다고 말했잖아. 호진이가 아파서 많이 울잖아. 이젠 바구니에 정리할래?
정우: (우는 호진이를 김 교사가 안아 주자 울어 버린다.)
김 교사: 정우야! 이제 정리하고 오세요.
정우: (탐색 책상 바구니에 끈을 정리하고 서서 운다.)
김 교사: (정우에게 다가가 정우에게 팔을 벌린다.)
정우: (울면서 김 교사의 품에 안긴다.)
김 교사는 우는 정우를 품 안에 꼭 안아 준다.

(2005. 10. 11.)

영아들이 또래를 때리거나 교사가 원하지 않는 행동을 한 뒤에는 교사에게 가까이 가고 싶어도 가지 못했다. 이런 경우 교사가 먼저 다가가 영아를 안아 주거나 어루만져 주며 신체적인 접촉을 한다면, 영아는 자신의 잘못된 행위를 보고 교사의 부정적인 정서까지도 마음의 상처로 남지 않고 극복할 수 있었다.

영아반 교사는 영아들의 또래 갈등이나 바람직하지 않은 행동에 대해 이야기를 나눈 후 영아를 품 안에 안아 위로해 주고 관심과 사랑을 충분히 표현하면서 정서적 교감을 나누고자 하였다. 아이의 부정적인 행동은 인정하지 않지만 그 아이 자체를 사랑한다는 것을 보여 주기 위해서였다.

Honig(1995)는 영아가 좌절하거나 피곤할 때, 끊임없이 안기고 싶어 하고 무릎 위에서 떠나지 않으려 한다고 했지만 이 시기 영아들은 항상 교사에게 의존하는 것은 아니었다. 교사에게 도움을 받고 싶을 때 교사와 신체적 접촉을 요구하며 교사에게 의존하지만 욕구가 채워졌을 때는 곧 놀기 위해 교사 곁을 떠났다. 교사의 무릎은 영아들의 에너지 공급원이어서 지치고 힘든 영아가 보호받을 수 있는 휴식처였다. 우리의 보육현실에서 교사와 영아의 높은 비율로 인해 교사가 영아에게 적절한 도움을 주지 못하는 경우가 있지만, 많은 영아들은 교사의 무릎을 안식처로 삼아 쉬고는 새로운 놀이를 하기 위해 다시 당당한 모습으로 교실의 놀이영역으로 향했다.

호민이가 쌓기 놀이를 하는 형민이의 머리를 딸랑이로 세게 한 대 때린다.
형민: 으아앙~! 아앙~
호민: (얼른 다른 영역으로 가버린다.)
형민이는 앉은 자리에서 두 손으로 머리를 문지르더니 일어난다. 다른

영아와 놀이하고 있는 박 교사에게 다가가 가슴에 얼굴을 묻고 앉는다. 2~3분 미동도 하지 않은 채 박 교사의 품에 앉아 있다. 조금 후 일어나 탐색 책상으로 가서 소리 나는 그림책을 본다.

(2005. 7. 20.)

영아는 교사 곁에 머물고 있는 것만으로도 마음의 위로와 안정을 찾는 것처럼 보였다. 다른 아이와 상호작용하는 동안 영아는 교사에게 다가가 교사의 무릎에 앉았다 일어났다. 교사는 무릎을 내어 줄 뿐, 영아의 이전 상황에 대해 관심을 보이지 않는데도 영아는 교사의 무릎에 앉아 휴식을 취하고 마음의 위안을 받고는 자신의 놀이를 찾아 다시 교실 안을 탐색하기 시작하였다. 마치 기름을 다 소비하고 난 자동차가 일정 거리를 달린 후 주유를 하는 것처럼, 영아들은 자신이 위로받고 싶은 상황에서는 교사의 무릎을 에너지 공급원으로 활용하였다. 이렇게 신체적인 접촉을 통해 영아와 교사는 더욱 친밀한 관계를 형성하였다.

B 발달적 요구에 기초한 관계 형성하기

1세 영아반 교사는 영아의 전반적인 발달특징에 대한 이해를 토대로 개별 영아에 대해 세심하게 관찰하고 날마다 일어나는 변화를 상황적 맥락으로 파악하면서 영아의 발달적 요구에 기초한 관계를 형성하였다. 이를 위해 교사는 급속한 발달을 이루는 이 시기 영아의 놀이 활동을 통해 최대한 발달을 지원하기 위한 전문적인 지식과 능력을 갖추고 영아에게 다가갔다.

1. 신체적 요구에 기초한 관계 형성하기

1세 영아반에 재원 중인 영아들은 걷기가 완성되면서, 자신의 신체를 마음껏 움직일 수 있게 되어 더욱 능동적으로 신체활동을 하였다. 많은 영아들이 감기 등으로 약을 복용하는 환절기에 교사들은 의도적으로 영아들에게 조용한 음악을 들려주었다. 영아들은 음악 소리에 영향을 받으면서 동적인 신체활동보다는 차분하게 앉아서 정적인 놀이를 하였다. 영아들은 노는 동안 느린 박자의 연주곡을 들으면서 정적인 놀이 활동을 오랜 시간 하곤 하였다. 한편 영아들은 익숙하게 듣던 빠른 박자의 노래를 들려주면, 앉아서 놀이하다가 일어서서 몸을 움직이고 뛰었고 노래가 끝나면 다시 들려 달라면서 교사에게 다가가 손가락으로 카세트를 가리켰다. 특히, 영아들은 녹음된 노래보다는 교사가 불러 주는 노래 듣기를 무척 좋아하여 교사에게 마이크를 건네며 노래를 불러 달라고 요구할 때도 많았다. 영아들은 교사가 불러 주는 노래 소리를 들으면서 입술을 움직이는 등 교사의 노래 부르기에 관심이 많았다.

> 호민이가 김 교사에게 마이크를 건네준다.
> 김 교사: 반짝반짝 작은 별, 아름답게 비추네
> 호민: (김 교사의 마이크를 빼앗아 분명하지 않은 가사로, 김 교사가 부르는 노래를 따라 부르는 듯 입술을 움직인다.)
> 김 교사: (다른 마이크를 들고 한 번 더 노래를 부른다.)
> 정우: (다가와서 김 교사의 손에 든 마이크를 빼앗듯이 가져간다.)
> 곁에 있던 박 교사가 음악 소리를 듣고 일어나서 양팔을 흔들고 무릎을

구부리면서 신체활동을 한다. 곁에 앉아 있던 영아들도 껑충껑충 뛰며 몸을 흔든다. 하늘반 모든 영아들은 10여분 이상 김 교사가 부르는 노래를 듣고 박 교사의 신체 움직임을 보면서 신나게 신체활동을 한다.

(2005. 6. 12.)

영아들은 교사와 함께 그림책을 보다가 이야기의 주인공처럼 교사가 신체활동을 하면 그림책의 내용에 더욱 흥미를 갖고 긴 시간 동안 책 보기에 몰입하였다. 동일한 그림책을 반복해 보면서 교사가 단순하게 그림책의 문장을 읽어 주는 날보다 신체표현을 하면서 그림책을 보는 날, 영아들은 오랫동안 그림책 보기를 즐겼다. 처음에는 교사 혼자 신체표현을 하며 그림책을 보았지만, 이런 행동을 여러 번 반복한 이후에는 교사가 그림책 주인공의 행동을 설명하는 문장을 읽으면, 영아들은 그림책의 내용에 따라 몸을 움직이며 책의 주인공처럼 신체표현을 했다.

언어영역에서 박 교사 곁에 영아들이 둘러앉아 그림책을 보고 있다. 호진, 종서, 영서, 정우가 박 교사 곁에서 그림책을 보고 있다
박 교사: 나비가 날아가요
　　　　(나비처럼 양팔을 벌려 위, 아래로 움직인다.)
박 교사: 개구리는 팔짝 팔짝 뛰어요
정우: (일어서서 두 발을 모으고 쭈그리고 뛰어 본다.)
호진: (두 발을 모아 뛴다.)
영서: (바닥에 엎드렸다가는 벌떡 일어난다.)

(2005. 7. 12.)

또한 그림책을 보면서 신체활동과 더불어 노래를 불러 주면 영아들은 더 오랜 시간 집중하여 놀았고 교사의 이야기에도 귀 기울였다.

언어영역에서 김 교사와 영아들이 코끼리가 그려진 그림책을 함께 본다.
정우는 김 교사의 무릎에 앉아있고 양옆에는 호진이와 종서가 앉아 있다.
김 교사: 코끼리 아저씨는 코가 손이래~ 과자를 주면은 코로 받지요
유진, 영서: (싱크대에서 모형과일을 씻다가 노래 부르는 김 교사 곁에 간다.)
유진: (김 교사의 노래 소리에 맞춰 위로 힘껏 뛰면서 춤을 춘다.)
영서: (뱅글뱅글 돌면서 춤을 춘다.)
김 교사: 집게 집게 집게~ 가재
유진: (노래 가사에 맞춰 양손의 엄지와 검지를 마주치며 집게처럼 표현한다.)
노래 부르는 김 교사 곁에 정우, 호진, 종서가 위로 뛰었다 내려오고,
영서와 유진이가 와서 춤을 추고 성균이와 준혁, 형민이가 와서 함께 신
체활동을 한다. 하늘반 10명의 영아 중 8명이 신체활동을 한다.

(2005. 8. 30.)

이처럼 영아들은 능동적으로 움직이는 신체활동을 매우 즐거워
하였는데 영아들은 새로운 기술을 익히고 획득하기 위해 끊임없이
신체활동을 반복하고 이런 반복적인 활동으로 영아들의 신체 조절
능력이 향상되었다. 이는 Hughes(1995)의 연구결과와 같다. 특히
교사의 노래를 들으며 놀 때는 교사의 언어와 신체 움직임에 더욱
민감하게 반응하였다. 이 시기 영아들은 다양한 놀이 중 실외놀이
터에서 미끄럼틀을 내려오거나 계단 오르기 등의 도전적인 신체활
동에 많은 흥미를 보였지만, 교실에서 교사의 노랫소리에 맞춰 자
신의 신체를 마음껏 움직이는 신체활동을 할 때 더 즐겁게 놀았다.
또한 모든 영아가 신체활동을 하는 동안에는 순서를 기다리거나
놀잇감을 함께 나누어야 하는 어떤 요구도 하지 않으므로 가장 평
화로웠다.

신체활동 중 리본 막대 놀이처럼 단순한 놀잇감을 이용한 활동
은 다양성을 부여하기 때문에 즐거움을 주었다. 교사와 영아가 음
악 소리에 맞춰 손에 든 리본 막대를 흔들면서, 크게 소리치며, 신

체활동을 할 때 영아들은 더욱 빠른 박자로 두 발을 모아 신나게 뛰었다. 교사가 영아 한 명, 한 명씩 손을 잡고 함께 뛰면 영아들은 교사와 손을 꼭 잡고 더 빠른 속도로 달렸다.

영아들은 조용한 놀이를 할 때는 물론 모든 영아가 빠른 박자의 음악을 들으면서 교사와 신체활동을 할 때는 모든 영아가 흥분된 분위기에서 놀이에 몰입하였다. 신체활동을 할 때 영아의 친구가 되어 손을 잡고 함께 뛰는 교사의 모습만 보아도 영아들은 자신의 에너지를 모두 쏟아내면서 신체활동에 몰입하였다. 한바탕 신체활동을 한 뒤, 영아는 물론 교사도 지쳐 쉬어야 할 만큼 교사도 노는 '척'하지 않고 '정말' 함께 놀았다.

신체활동실에서 매트 놀이를 하다가 빠른 박자의 생일 축하 노래가 들리자 영아들은 모두 크게 소리치며 달리기 시작한다.
영아들: 와!, 야!
(매트를 중간에 두고 오른쪽 방향으로 달린다.)
박 교사: 와우! 하늘반! 유진이 잡자. 준혁이 잡자. 호진이도 잡으러 간다.
영아들: (웃음소리가 커지면서 더 빠른 속도로 달린다.)
영아들: (달리면서 뒤돌아 교사가 자신들을 따라오는지 확인한다.)
영아들은 교사가 가까이 다가오면 더욱 신나게 달리고, 교사가 느리게 뛰면 영아들은 교사가 자신에게 가까이 올 때까지 기다리면서 천천히 달려 교사와 영아들의 거리는 항상 일정하게 유지된다.

(2005. 7. 12.)

가끔 교사가 놀이를 시작하면서 짧은 시간 놀이친구가 되었다가 슬며시 놀이의 무리에서 빠져나오면, 어느새 놀이에 대한 영아의 흥미가 감소되어 하나, 둘 다른 영역으로 모두 빠져나가고 놀잇감만 남아 있었다.

　　신체활동실 볼풀장에서 영아들은 교사와 함께 공 던지기 놀이를 한다.
김 교사가 볼풀장의 바깥 부분에 걸터앉아 영아들에게 공을 던진다. 영
아들은 튀어 오르는 공을 보면서 김 교사를 향하여 공을 던진다. 다른
영역에서 놀이하던 영아들은 볼풀장으로 들어와 김 교사를 향하여 공을
던진다.
5명의 영아와 김 교사가 볼풀장에서 신나게 공 던지기를 하면서 영아들
의 웃음소리가 커진다.
김 교사: 와, 우리 하늘반! 공 정말 잘 던진다. 선생님보다 공을 더 멀
　　　　리 던지네~ (지친 김 교사가 천천히 공을 던지다가 공 던지기를
　　　　그만두고 안전을 위해 영아들을 살펴본다.)
신나게 공을 던지던 영아들도 하나, 둘 공 던지기를 멈추고 볼풀장 밖으
로 나온다.

(2006. 6. 14.)

　이처럼 영아반 교사는 영아와 함께 노래 부르고 신나게 놀면서 영아의 발달을 지원할 때 영아와 친밀한 관계를 형성할 수 있었다. 교사가 영아와 함께 친구처럼 놀면, 영아는 독립된 존재로서 교사와 수평적인 관계를 맺으면서 친밀해졌다. 영아는 자신들이 놀이를 마칠 때까지 함께 노래 부르고, 함께 뛰며 독립적인 존재로서 영아의 놀이를 존중해 주는 교사와 놀고 싶어 하였다.

　또한 영아는 교사의 도움을 받지 않고 또래로부터도 방해받지 않으면서 혼자 노는 것을 좋아하였다. 영아기 발달에서 가장 중요한 부분은 영아 자신에 대한 인식인데(이영, 1999), 자신의 존재를 인식하게 되는 영아는 스스로 문제를 해결하려고 노력하였다. 그래서 영아반 교사는 영아의 이런 발달적 특징을 이해하고 격려하는 모습을 많이 보였다.

　영아는 혼자 어떤 활동을 해보려 시도하면서 교사의 도움을 직접 받기보다는 지켜보는 교사의 관심을 원하였다. 영아는 자신의

힘으로 새로운 활동에 도전할 때, 교사의 직접적인 도움을 거부하였다. 발달 특성상 독립적으로 자기의 새로운 능력을 실험해 보는 영아는 독립적으로 자조 기술을 획득하는 동안 혼자 힘으로 수행하기에는 미흡하더라도 자신의 힘으로 활동하는 것을 즐겼다.

> 박 교사: 호민아! 양말 벗을래?
> 호민: (앉아서 양말을 손으로 잡아당기지만 잘 벗겨지지 않는다.)
> 유진: (호민이를 돕기 위해 호민이의 양말을 손으로 잡는다.)
> 호민: 악~! 아악!
>   (외마디 소리를 내며 유진이를 등지고 돌아앉는다.)
> 박 교사: 유진아! 호민이는 자기가 해보고 싶대. 그러니까 도와주지 않
>   아도 돼. 호민이가 혼자 해볼 거래. 우리는 호민이가 어떻게 양
>   말을 벗는지 보자!
>
> (2005. 4. 12.)

이처럼 교사는 호민이가 유진이에게 '악!' 할 때 그 말 속에 담긴 호민이의 마음을 유진이에게 빠르고 정확하게 표현해 줌으로써, 호민이에게는 '네 마음을 이해하고 있다'는 메시지를 전해 주었고 유진이에게는 친구의 생각을 이해할 수 있도록 설명한 것이었다. 영아는 또 자신의 힘으로 새로운 일을 도전해 보고 완성하고자 하였다.

한편 영아는 몸짓언어를 이해하고 이를 표현해 주며 신체적인 접촉으로 관심, 애정, 위로, 휴식을 제공하는 교사와 관계를 형성한 뒤에는 멀리 떨어진 거리에서 교사가 눈길을 주거나 자신의 이름을 불러 주는 정서적 지원만으로도 놀이를 지속할 수 있었다.

영아는 교사가 자신의 이름을 불러 주고 눈빛을 주고받는 동안 교사의 눈빛과 움직임에 주의를 기울였다. 교사의 언어와 몸짓에

민감해지는 동안 영아들은 교사에게 관심을 기울이고 교사의 작은 소리에도 반응하였다. 영아들은 실외놀이 활동을 마치고 교실로 들 어가자는 교사의 이야기를 잘 들으려 하지 않았지만, 교사와 영아 가 서로 눈빛을 주고받으면서 서로 요구를 수용하였다. 영아는 교 사가 자신의 이름을 여러 번 불러 주고 눈빛을 교환하면서 놀이한 날, 실외 놀잇감을 정리하면서 영아를 기다리는 교사에게 빨리 다 가갔다.

　유진이는 미끄럼을 타고 내려오는데, 교사가 자신의 이름을 불 러 주면서 격려해 주자 더욱 의기양양하게 내려왔다. 미끄럼틀에 올라가지 않았던 호진, 형민, 호민이도 유진이의 이름을 불러 주는 교사의 목소리를 듣더니, 자신도 교사의 격려를 받으며 놀기 위해 미끄럼틀에 올라갔다. 영아들은 이렇게 교사와 관계를 맺기 위해 자신이 하던 놀이를 그만두고 교사가 이름을 불러 주는 친구가 하 는 놀이를 선택하였다.

바깥놀이터에서 유진이와 정우, 형주가 미끄럼틀 위로 올라간다.
박 교사: 유진이 출발! 와아~ 유진이 잘 내려왔네!
박 교사가 미끄럼틀 앞에 서서 내려오는 모든 영아들의 이름을 한 명씩
불러 준다.
모래놀이를 하던 호진, 형민, 호민이도 나란히 미끄럼틀 위로 올라간다.
미끄럼틀 아래 놀이집에서 모래놀이를 하던 영서도 미끄럼틀 계단을 올
라간다.
준혁이와 형주를 제외한 하늘반 영아 모두 미끄럼틀 계단을 올라갔다가
박 교사가 자신의 이름을 불러 주면 신나게 미끄럼을 타고 내려온다.

(2005. 6. 14.)

　실외놀이터에서 교사가 눈을 맞추며 큰소리로 여러 아이들의 이

름을 부르게 되는데 아이들은 더 신나게 미끄럼을 탔다. 교사가 지속적으로 이름을 불러 주고 바라보며 눈빛을 주고받는 상호작용만으로도 영아들은 매우 만족스럽게 미끄럼틀 계단을 빠른 걸음으로 오르내렸다. 짧은 시간이지만 실외놀이터에서 마음껏 논 영아들은 실외놀이를 마치고 교실로 들어가자는 교사의 노랫소리에 다른 날보다 훨씬 빨리 현관 앞으로 모였다. 이처럼 영아들은 교사와 눈빛을 주고받고, 교사가 큰소리로 자신의 이름을 불러 주는 경험을 하는 동안 교사의 말과 행동에 민감하게 주의를 기울이며 자신의 행동을 조절하였다.

이처럼 영아와 교사의 관계는 일방적 상호작용이 아닌, 양방향으로 서로에게 영향을 주었다. 영아는 자신의 이름을 불러 주는 교사의 음성을 듣고 눈빛을 주고받는 동안 교사의 언어와 행동에 주의를 기울였고 영아와 교사는 서로에게 더욱 민감해졌고 관계도 친밀해졌다. 교사의 지지와 격려를 받으면서 행복해하는 영아의 모습 속에는 영아에게 관심과 애정을 받는 교사의 모습도 함께 볼 수 있었다.

영아들은 이렇게 독립적으로 놀면서도 교사의 격려와 칭찬을 기대하며 놀았다. 그렇지만 교사가 민감하게 관찰해 주지 못하는 영아는 허전함을 느끼는 것으로 보였다. 유진이나 정우처럼 자신의 의견을 교사에게 알려 교사와 밀착된 관계를 원하는 영아들은 교사가 다가가지 않아도 자신이 직접 교사에게 다가가 격려를 받았지만, 종서는 그렇지 않았다. 종서는 교사에게 격려를 받고 싶지만 자신의 의견을 교사에게 적극적으로 알리지 못해 노는 동안 격려를 받지 못하는 편이었다.

종서가 심포니오케스트라 놀잇감으로 놀이를 한다. 가장 큰 원통과 가장
작은 원통까지 모두 5개의 구멍 안에 원통을 알맞게 다 끼워 넣었다. 5
개의 원기둥에서 다양한 색상의 조명이 빛나는 순간 종서의 얼굴에 웃음
이 가득하다. 그 순간 종서는 주위를 둘러본다. 두 명의 교사가 다른 영
아와 놀고 있어 종서의 놀이에 대한 교사의 격려를 받을 수 없었다.

(2005. 5. 20.)

종서는 놀잇감의 5개 원기둥을 모두 알맞게 끼우고는 '잘했어,
종서야!'라고 말해 주는 교사의 격려를 기대하는 것으로 보였다.
종서는 퍼즐 맞추기나 레고 블록으로 팽이를 돌리면서 얼굴에 은
근한 웃음을 띤 채, 교사의 관심과 칭찬을 받고 싶어 주위를 둘러
보았다. 종서는 노는 동안 교사의 긍정적인 관심과 격려를 받지
못하는 경우가 많아지면서, 자신이 쉽게 다가가 의존할 수 있는
교사와 친밀한 관계를 형성하는 것이 더 어려워졌다. 종서는 단시
간에 외마디 소리를 지르거나 큰소리로 우는 영아들 틈에서 자신
의 의사를 적극적으로 표현하지 않아 교사에게 쉽게 도움을 받지
못한 것이다. 물론 종서는 교사의 도움을 받지 않아도 노는 아이
이지만, 노는 동안 교사의 격려를 자주 받고 싶어 하였다. 교사는
울거나 외마디 소리를 치지 않고 노는 종서에게 민감하게 반응하
지 않았다. 이런 경험이 반복되고 지속되는 동안 종서는 교사의
도움이 꼭 필요한 경우에도 교사에게 다가가지 않는 영아가 되었
다. 심지어 종서가 화장실을 다녀와서 옷이 젖은 경우에도 아무
말 없이 교사에게 다가가 그저 곁에 서 있기만 하였다. 교사는 한
동안 곁에 선 종서를 발견하고는 종서를 살펴보았다. "종서야! 왜?
왜 그러는데? 아! 종서 옷이 젖었구나, 화장실 다녀왔니?"라면서
아무 표현도 하지 않고 그저 교사 곁에 선 종서의 젖은 바지를 보

고서야 교사는 도움을 줄 수 있었다. 교사는 젖은 바지를 입고 마냥 서 있던 종서의 손을 잡고 서랍장 앞으로 데리고 가 옷을 갈아입혔다. 종서는 자신이 도움을 받고자 할 때 교사에게 자신의 의사를 적극적으로 표현하지 못한 채, 민감하게 다가가 도움을 주는 성인으로서 교사와 관계를 형성하기보다는 혼자 잘 지내는 것처럼 보였던 영아다. 물론 교사들도 종서에게 관심과 민감한 반응을 보이며 노력하기는 하였다. 종서가 표현하지 않아도 꼭 한 번쯤 종서의 의견을 묻고 종서의 얼굴표정을 민감하게 관찰하는 시간이 있었지만, 놀이시간이 아닌 식사시간과 간식시간이었다. 어쩌면 이 시간마저도 종서는 음식이 부족하면 부족한 대로 자신의 욕구를 표현하지 않았을지도 모른다. 모든 영아들이 한 장소에 모여 앉아 교사가 한 눈에 모든 영아들의 상태를 다 살펴볼 수 있는 식사시간과 간식시간에 교사는 놀이시간 동안 배려하지 못한 종서와 관계를 맺고자 노력하였다.

반면 정우는 자신이 원하는 것을 항상 수용해 주는 교사와 친밀한 관계를 형성하고, 교사의 도움을 받고자 하는 경우에는 쉽게 교사에게 다가갔다. 정우는 수시로 교사에게 다가가 얼굴을 마주보면서 적극적으로 자신의 의사를 표현하면서 놀았다.

> 정우가 빨간 레고 블록으로 팽이를 돌린다. 팽이가 잘 돌아가자 "팽이, 팽이" 하고 소리 내는 데 교사가 보고 웃어주자 정우도 돌아가는 팽이를 가리키며 따라 웃는다.
>
> (2005. 7. 8.)

노는 영아들은 수시로 눈을 맞추고 자신의 이름을 불러 주는 등 자신의 놀이에 관심을 가져주는 교사의 격려를 받으면서 놀이를 계속 할 수 있는 에너지를 충전하였다. 아무리 좋은 자동차라도 일정 거리를 달리고 나면 에너지를 공급받고서야 다시 자동차의 기능을 발휘할 수 있는 것처럼, 영아는 노는 동안 교사가 자신에게 관심을 갖고 눈을 맞추고 이름을 불러 주는 등 격려해 주기를 기대하였다. 이런 반복된 상호작용으로 영아는 자신의 놀이가 교사에게 존중되고 격려받고 있다는 것을 알게 되었다. 먼 거리에서 눈빛을 주고 짧은 몇 마디 말을 해 주는 것만으로도 영아는 교사와 친밀한 관계의 끈을 이어가고 있었다.

이 시기 영아는 끊임없이 교사와 관계를 지속하면서 혼자 조용한 영역에서 독립적으로 놀지만, 계속 교사의 관심을 받고자 하였다. 교사가 영아의 놀이를 지속적으로 관찰하면서 관심을 표현해 줌으로 인해 영아의 독립적인 놀이시간은 길어졌다.

유진이는 한 해 동안 종종 탐색영역에서 오랫동안 혼자 놀이를 하였다. 책상에 앉아 15 - 20분이나 되는 긴 시간 동안 혼자 구슬 꿰기를 하고, 스티커 붙이는 놀이도 하였다. 그렇지만 긴 시간 혼자 놀이를 한 뒤에는 교사의 격려를 받기 위해 길게 꿴 구슬이나 빽빽하게 스티커를 붙인 종이를 들고 교사 곁으로 갔다. 유진이는 자신의 힘으로 스티커를 가득 붙인 종이나 긴 구슬을 꿴 끈을 들고 교사 곁에 가 종이를 팔락거리고 끈을 흔들었다. 혼자 긴 시간 놀이를 즐겁게 한 뒤에는 교사의 격려와 지지를 통해 교사와의 관계를 보충하고 싶은 듯, 교사에게 다가가 자신이 즐겁게 한 놀이의 결과를 보여 주어 교사의 격려를 받으면서 놀이 활동을 마무리하였다.

형민이도 긴 시간 동안 놀이에 몰입하면서 교사와 눈을 마주치고 격려받기를 즐겼다.

적응기간 동안 교사와 복도에 나가 개별적으로 거북이나 물고기에게 먹이를 주는 등 교사와 긍정적이고 민감한 상호작용을 해 본 형민이는 교사에게 의존하지 않고 스스로 놀이를 찾아 긴 시간 독립적으로 즐겁게 놀았다. 교사가 형민이에게 적극적으로 다가가지 않아도 이미 형민이는 교사와 눈을 맞추고 교사에게 언제라도 도움을 받을 수 있다는 신뢰 관계를 형성하고 있었다. 형민이는 교사와 친밀한 관계를 맺었기에 더 긴 시간 동안 교사의 눈빛만으로도 격려를 받으며 즐겁게 논 것이다.

성균이 역시 퍼즐 맞추기, 소리 나는 책 보기, 실외놀이터에서 모래 놀이 등을 20분 이상 계속하면서 교사가 잠시 곁에 앉아 있거나 한 번 눈길을 주고받는 관심의 표현만으로도 만족스럽게 긴 시간 놀았다.

교사의 정서적 지원을 통한 관계가 형성된 이후 5, 6월이 되면서 영아는 교사와 신체적으로 가까운 거리를 유지하기보다는 조금 떨어진 거리에서도 짧은 시간 동안 교사의 눈빛이나 언어적인 격려만으로도 긴 시간 동안 즐겁게 놀이를 지속할 수 있었다.

2. 개인차를 고려하는 관계 형성하기

영아들은 이 시기의 급격한 발달로 인해 한 학급에서 생활하는 영아 간에 발달의 차이가 크다. 하늘반 학급은 2005년 3월 1일 현재 24개월 미만의 영아로서 입학 시 생일이 가장 늦은 18개월 영아부터 23개월 영아로 구성되었기 때문에 한 학급에서 함께 생활하고 있지만 생일이 가장 빠른 영아와 생일이 늦은 영아 간 6개월의 월령차가 있었다. 또한 월령차가 많지 않은 영아 간에도 발달의 차이가 커 영아반 교사는 개별 영아에 대한 이해를 토대로 관계를 형성해야만 했다.

동일한 그림책을 함께 본 영아일지라도 그림책의 내용을 토대로 놀이 활동을 할 때, 교사는 영아의 개인차를 이해하고 발달의 차이를 반영하며 말해야 했고 인정이나 격려를 해야 했다.

영서는 그림책을 본 뒤 주인공처럼 세수하고 발도 닦았지만 양치하기를 잊었다. 교사는 영서의 이야기를 듣고 그림책의 주인공이 했던 행동과 같이 양치도 하라고 이야기하였다.

영서는 '혼자서도 해요' 그림책을 보다가 손 씻고 얼굴을 닦는 그림을 보고는 놀이집 안에 들어가 창문을 연다. 두 손바닥으로 세 번 정도 얼굴을 문질러 세수한다. 오른발을 창문턱에 걸쳐 올려놓고는 양말을 벗고 조그만 발을 문질러 닦는다. 그리고는 박 교사에게 다가간다.

영서: 얼굴 닦았어요. 발도여. 눈도여.

박 교사: 영서가 세수하고 발도 닦았어요? 그럼 이도 치카치카 닦았어요?

영서: (박 교사의 말을 듣고 생각난 것이 있는지 쪼르르 놀이집으로 뛰어 들어간다. 창문에 얼굴을 내밀고 컵을 잡은 듯 빈손으로 엄지와 집게손가락을 모아 입가에 댄다. 고개를 뒤로 젖혔다가 물을 먹은 듯 입술을 오물거리고 입을 부풀린다.) 태! (고개를 아래로 숙여 물을 먹는 척하더니 다시 한 번 입을 오물거리고 물을 뱉는다.)

(2005. 8. 13.)

호민이는 그림책을 본 뒤 교사에게 다가가 몇 마디 이야기하였다. 박 교사는 호민이가 어떤 그림책을 보았는지, 그림책의 내용도 알고 있어 책의 주인공처럼 혼자 얼굴을 닦고 발도 닦은 호민이의 행동을 파악하고 있었다. 그래서 호민이에게는 교사가 칭찬하고 격려하기 위해 다음과 같이 이야기해 주었다.

호민이가 '혼자서도 해요' 책을 보다가 놀이집에 들어간다. 두 손으로 얼굴을 문지르고 앉아서 두 손으로 발도 문지른다. 박 교사에게 간다.

호민: 얼~굴

박 교사: 호민이가 깨끗하게 얼굴 닦았어요?

영서: 발~

박 교사: 호민이가 그림책에서 본 친구처럼 혼자 얼굴도 닦고, 발도 닦고 이젠 정말 깨끗해졌네, 와! 호민아, 얼굴이 멋있어졌는데…… 호민이는 기분도 좋겠다.

(2005. 8. 13.)

이처럼 영서와 호민이는 동일한 그림책을 보고 책의 주인공처럼 혼자 세수하고 발을 닦았다. 그렇지만 박 교사는 영서와 호민이의 행동에 대해 언어적 반응을 다르게 하면서 영아들과 관계를 형성하였다. 언어발달이 빠르고, 항상 혼자 상징놀이를 하면서 즐거워하는 영서에게는 양치질을 하던 그림책 주인공의 행동에 대한 단서를 제공하면서 놀이를 확장시켜준 것이다. 반면 월령이 낮은 호민이는 자신이 한 행동에 대해 자신감을 갖도록 이야기하였을 뿐이었다. 교사가 영아와 오랫동안 풍부한 대화를 하는 것은 영아기의 빠른 어휘발달을 돕기 위한 결정적인 요인이므로 교사는 영아들과 자주 의사소통할 필요가 있다(Honig, 1985).

영아들은 같은 영역에서 한 명의 교사와 동일한 놀잇감으로 노는 중에도 놀이내용은 개별 영아의 발달에 따라 달랐다. 교사는 개별 영아의 놀이에 대해 관찰한 것을 토대로 형민이에게는 색깔을 구분할 수 있는 놀이를 하게 하였고, 준혁이는 나무구슬을 꿰는 것을 도와주었고 흥미를 유지하면서 혼자 노는 영아는 도움이 필요할 때만 도와주었다. 이처럼 같은 놀이상황에서 교사는 각각의 영아에게 개별적인 지원을 하면서 놀이하는 영아에게 다가갔다.

탐색책상에서 김 교사와 영서, 호진, 종서, 준혁, 형민이가 구슬 꿰기를 한다.
영서: (다양한 색의 구슬을 5개 꿰고는 교실바닥에 끌고 다닌다.)
　　　애벌래애여, 애벌래~.
김 교사: 애벌레가 그네를 타나 봐요. 와! 재미있겠다. 영서 애벌레는
　　　그네를 타고 재미있게 노네.
형민: (구슬을 끼우기 위해 바구니에서 구슬을 고르고 있다.)
김 교사: 형민아! 빨간 구슬부터 먼저 넣어 봐. 와~ 형민이가 빨간 구
　　　슬을 찾아 끼우고 있네.
호진: (김 교사를 바라보면서 구슬을 끼운다.)
김 교사: 호진이는 구슬을 길게 끼우고 있구나.
준혁: (김 교사 곁에 선 채, 구슬 바구니 안에 손을 넣고 휘젓는다.)
김 교사: 준혁아! 이거 준혁이 구슬 끼우는 거잖아. 다음에는 어떤 구슬

을 끼울까? 준혁이 거니까 준혁이가 골라서 선생님한테 줘 봐.
준혁: (노란 네모 구슬을 김 교사에게 준다.)
종서: (네모, 세모 구슬을 골라 끼우다가 조금 어려운 육각형 구슬이 나
    오자 바구니에 다시 넣는다. 끈의 끝까지 구슬을 끼웠는데 매듭부
    분이 풀려 구슬이 다시 **빠져나온다**.)
김 교사: 어! 종서야! 구슬이 다시 **빠져나오네**. 선생님이 테이프로 끈을
    감아 줄께, 조금만 기다려

(2005. 9. 9.)

영서는 구슬을 끼운 뒤, 요즈음 등·하원 때 가지고 다니던 '나
비가 되어요' 그림책에서 본 애벌레라면서 구슬 끼운 끈을 흔들면
서 그네 타는 애벌레라고 하였다. 영서의 표현을 듣고 교사는 영
서의 애벌레가 그네를 타고 있다는 영서의 표현을 격려하였다. 다
른 아이처럼 긴 끈에 구슬을 끼우고 놀고 싶지만 소근육 발달이
이루어지지 않은 준혁이에게는 구슬을 집어 교사에게 달라고 이야
기하였다. 교사는 준혁이의 발달에 적절하게 구슬을 선택하라고 요
구하면서 준혁이와 구슬 끼우기를 하였다. 교사 곁에서 몇 마디의
격려만으로도 만족한 듯 자신의 놀이를 하고 있는 호진이의 행동
을 관찰하던 교사는 아이의 행동을 간단한 문장으로 말해 주어 놀
이를 격려하였다. 교사는 관찰을 통해 형민이가 색의 명칭을 말로
표현하기는 어렵지만 빨강, 노랑, 초록, 파랑, 분홍, 주황, 보라색
등 7가지 이상 색깔을 구분할 수 있다는 것을 알고 있었다. 그래
서 교사는 형민이에게는 구슬 색을 이야기하면서 구슬 끼우기를
하게 하였다. 이처럼 탐색영역에서 5명의 영아와 동일하게 구슬
끼우기 놀이를 하면서 교사는 영아의 개별적인 놀이특성과 발달에
알맞은 지원을 하며 개인차를 고려하여 관계를 형성하였다.

탐색영역 책상에 앉아 김 교사와 준혁이가 소리 나는 교통기관 그림책을
보고 있다.
준혁: (소방차 소리가 나는 버튼을 눌러 본다.)
김 교사: 불났어요, 불났어요, 도와주세요! 준혁아, 불을 끄러 소방관
　　　　아저씨가 소방차를 타고 앵~앵~ 달리네.
준혁: (김 교사의 입모양을 보고 웃으며 또 버튼을 누른다.)

(2006. 7. 15.)

바깥놀이터에서 놀이하던 중 도로에서 불자동차 소리가 들리자 김 교사
가 준혁이 곁으로 간다.
김 교사: 준혁아! 아까 우리가 책에서 불자동차 소리 들었지? 어, 어디
　　　　에서 불이 났나 봐. 앵~ 하고 불을 끄러 불자동차가 가요. 길을
　　　　비켜주세요 그러나 봐.
준혁: (이미 지나가 보이지 않지만 불자동차의 소리를 듣기 위해 잠시 하던
　　　　놀이를 멈춘다.)

(2005. 7. 18.)

　영아들은 한 해 동안 소리 나는 그림책을 흥미 있게 보았는데,
트럭이나 버스보다는 소방차, 경찰차, 응급차 등 크고 특별한 소리
가 나는 자동차를 좋아하여 여러 번 버튼을 누르며 들었다. 교사
는 이전 준혁이의 놀이와 연결하여 소리 나는 그림책에서 들었던
소방차의 소리와 실제 불자동차의 소리를 비교하면서 들을 수 있
도록 하며 영아의 놀이경험을 확장하고자 하였다.

탐색영역에서 박 교사와 유진, 정우, 형주가 소리 나는 그림책을 보고
있다.
형주: (세탁기와 전화기 그림이 있는 가전제품 소리 나는 그림책을 본다.)
김 교사: 형주야! 형주가 좋아하는 전화기 따르릉 소리네.
호민: (소방차 그림을 보면서 버튼을 눌러 소방차의 소리를 들으면서 교
　　　　실에서 달린다.) 불이야! 불이야! (고개를 숙이고 입을 오른손으
　　　　로 가린 채 교실 안을 2-3바퀴 달린다.)
김 교사: 호민아! 어디에서 불이 났어요? 그럼 소방차도 오라고 전화했

어요?
호민: (전화기를 잡고 고개를 끄덕이면서 전화기를 내려놓는다.)

(2005. 10. 11.)

창의영역 소파에 앉아 호민이가 수화기를 들고 전화번호를 누른다.
김 교사: 호민아! 누구랑 전화하는 거야?
호민: 앵 앵 ~
김 교사: 호민이가 불났다고 전화했을 때 불을 끄러 와 주셔서 고맙습니
　　　　다. 인사하고 싶은 거구나!
호민: (웃으면서 김 교사에게도 수화기를 건네준다.)
김 교사: 소방관 아저씨, 하늘반 교실에 불 끄러 와 주셔서 감사합니다.
　　　　안녕히 계세요.

(2005. 10. 14.)

영아반 교사는 개별 영아의 놀이를 파악하는 동시에 각 영아의 놀이 전개과정을 파악하고 있었다. 이렇게 영아의 놀이가 단절되지 않고 계속되는 동안 영아의 인지능력이 확장되고 심화되었다. 특히 놀이과정에서 아이의 행동을 간단한 문장으로 되짚어 말해 주는 교사의 도움은 영아의 인지능력과 놀이를 확장시켰다.

3. 상황적 맥락을 고려하는 관계 형성하기

영아반 교사는 학급 전체 영아들의 전반적인 발달특징과 개별 영아의 특징을 이해하는 것은 물론 날마다 아이들에게 놀이모델이 되며 영아와 관계를 형성하였다.

교사와 함께 노는 동안 영아들은 즐겁게 오랫동안 놀이하였다. 특히, 새로운 놀잇감을 소개할 때 교사의 지원은 새로운 활동에 대한 영아들의 관심이 많아지는 주요한 계기가 되었다. 교사는 새

로운 놀잇감이나 놀이 활동을 소개하기 위해 영아 곁에서 자신이 즐겁게 놀이하는 모습을 보여 주었는데, 이때 영아들은 새로운 활동에 대해 더 많은 호기심과 흥미를 보였다. 교사가 노는 모습을 보면서 영아도 새로운 놀이를 탐색하였다. 교사가 신나게 하던 놀이를 영아가 시작하면 교사는 영아 곁에서 친구처럼 함께 놀면서 격려하였다. 영아가 놀이에 몰입하게 되면 교사는 언어적인 격려와 지켜보기를 하면서 영아와 거리를 두었다. 새로운 활동을 소개할 때는 영아가 지켜보는 가운데 교사가 먼저 신나게 놀면서 영아가 다가가기를 기다려 주고, 다가가는 영아가 새로운 놀이를 시작하면 교사는 격려하면서 놀이를 지켜보는 주변인이 되었다. 영아는 자발적으로 흥미를 가지고 놀이를 시작하였다. 영아는 곁에서 노는 교사를 보면서 새로운 놀이방법을 알게 되었고, 교사가 했던 놀이에 대해 호기심을 가지고 놀면서 새로운 놀이의 즐거움을 소개해 준 교사와 친밀해졌다. 영아들은 교사가 새로운 놀잇감과 새로운 놀이를 소개하면 재미있는 놀이상자가 열리기를 기대하는 듯 항상 주의 깊게 지켜보았다.

박 교사가 빨간 셀로판지를 얼굴에 대고 영아들을 둘러본다.
박 교사: 준혁아!
준혁: (박 교사를 바라보다가 박 교사의 얼굴색이 평소와 다르게 보이자 신
　　　기한 듯 얼른 다가와 박 교사의 손에서 빨간 셀로판지를 빼앗는다.)
박 교사: 호진아! 선생님은 호진이를 보고 싶은데……
호진: (얼굴에 엷은 미소를 띠운 채 박 교사에게 다가가 셀로판지를 받
　　　아 얼굴에 대고 교실을 돌아다닌다.)
다른 영아들이 박 교사가 앉아 있는 탐색영역 책상으로 다가가 박 교사가
건네주는 다양한 색의 셀로판지를 받아들고 박 교사와 얼굴을 마주 본다.
(2005. 5. 10.)

교사가 셀로판지를 얼굴에 대고 "와!" 하는 탄성을 지르면 영아들은 얼굴에 호기심이 가득한 채, 교사의 놀이를 지켜보았다. 다양한 색의 셀로판지를 얼굴에 대고 한 명씩 영아의 이름을 불러 주면, 아이들은 셀로판지 너머로 보이는 교사의 달라진 얼굴색에 환호성을 지르고 서둘러 교사에게 셀로판지를 받아들었다.

자신도 조금 전 교사가 놀이하던 것처럼 셀로판지를 얼굴에 가까이 대고 주위를 둘러본다. 익숙한 주변의 색이 다른 색으로 달라져 보이자, 흥미를 갖고 또래의 얼굴에도 다양한 색의 셀로판지를 대어 보면서 교실의 여기저기를 둘러보았다.

병원놀이를 처음한 날, 교사는 영아의 배와 가슴에 청진기를 대고는 "뱃속에서 꼬르륵 소리가 나요", "두근두근 가슴이 뛰어요"라고 말해 주어 영아들에게 새로운 놀잇감을 소개했다.

밀가루 점토 놀이를 할 때, 두 손으로 밀가루 점토를 힘껏 밀고 주무르면서 "만지면 보드라워요", "손가락으로 누르면 쑥 들어가요"라고 말하는 교사에게 영아들은 앞 다투어 손을 내밀고는 밀가루 점토를 받아 다양한 모양을 만들었다. 교사가 먼저 노는 모습을 모델로 삼아 영아들은 더 많은 호기심을 갖고 교사 곁으로 다가가고, 새로운 놀이에 푹 빠져들었다.

박 교사: 세게 잡아당기니까 반죽이 뚝 떼어졌어요. 와! 분홍색 반죽이 2개가 되었네.(밀가루 점토를 끈처럼 길게 만들어 영아들에게 보여 준다.)
호진: (박 교사가 만지고 있는 밀가루 점토를 손가락으로 꾹 눌러 본다.)
박 교사: 와! 멋있다. 호진이 목걸이네
(호진이에게 밀가루 점토를 가늘게 말아 붙여 팔찌와 반지를 만들어 준다.)

박 교사: 호진아 거울 좀 봐. 목걸이, 팔찌, 반지가 예쁜데요.
호진: (거울을 보고 웃으며 팔찌와 반지를 만져 본다. 밀가루 점토를 두
　　　손으로 꾹꾹 주무르고 밀대로 민다.)

(2005. 5. 20.)

　이처럼 새로운 놀잇감을 제시할 때 교사가 놀이모델이 되고 개별 영아들을 대상으로 놀이를 소개하면, 영아들은 흥미 가득한 얼굴로 다가가 교사의 놀이 활동을 주의 깊게 지켜보았다. 교사의 모습을 곁에서 지켜보면서 새로운 놀이를 하다가 곧 노는 즐거움에 빠져들고, 교사가 곁에 있거나 자리를 이동하여도 영아는 계속 놀았다. 교육의 질적 향상은 교사와 영아 간 상호작용의 질에 의존하고 있다(Phillips, McCartney & Scarr, 1987)는 연구 결과처럼 영아의 발달을 지원하기 위한 영아반 교사의 놀이 태도는 보육 프로그램의 질을 결정하는 주요한 요인이다.

　또한 새로운 놀이뿐만 아니라 익숙한 놀잇감도 교사가 영아 곁에서 신나게 놀면 영아는 자신과 친밀한 관계를 형성한 교사의 놀이를 관심 있게 지켜보다가 교사가 하던 놀이를 하였다.

형민이가 친구들이 노는 모습을 바라보고 있다.
김 교사: (형민이 앞에 놀잇감을 주고 곁에 앉아 톡톡톡 망치를 두드리
　　　　며 논다. 나무 원통이 구멍 속으로 쏘옥 들어간다.)
형민: (곁에서 노는 김 교사의 모습을 지켜본다.)
김 교사: (형민이 앞에 놀잇감을 주고 곁에 앉는다.)
형민: (망치로 나무막대를 두드리기 시작한다.)
김 교사: 탕탕탕~ 쏘옥 들어갔네~
　　　　(형민이의 곁에서 놀이하는 모습을 본다.)
형민: (나무막대기 대신 구멍 안에 손가락을 넣어 본다. 그리고 나무막
　　　대기 없는 빈 구멍 위를 망치로 두드려 본다.)

(2005. 4. 8.)

나무망치 놀잇감은 이미 3주 전부터 교구장에 제시되어 익숙해진 놀잇감이지만, 교사가 노는 모습을 보면서 형민이는 다시 한 번 흥미를 보이며 나무망치 놀잇감을 갖고 놀았다.

호민이는 또래들이 구슬을 꿰어 흔들거나 끌고 다니는 모습을 보면서 자신도 길게 구슬을 꿰고 싶어 하였다. 소근육 발달이 이루어지지 않아 그동안 호민이는 교사가 끼우는 구슬을 선택하고 구슬은 교사가 끼워 주었다. 그렇지만 호민이가 직접 구슬을 끼우려고 노력하는 모습을 보면서 박 교사는 호민이에게 천천히 구슬 끼우는 모습을 보여 주었다.

> 호민이가 탐색영역 책상에 앉아 구슬 꿰기를 하고 있다.
> 호민: 에이…… 흐응……
> 　　　(속상한 얼굴로 주위를 둘러보다가 박 교사에게 다가가 실과 구슬
> 　　　을 건넨다.)
> 박 교사: 안 돼? 호민아!
> 　　　(호민이가 볼 수 있도록 느린 동작으로 실에 구슬을 꿰어 본다.)
> 호민: (박 교사의 손 모양을 지켜본다.)
> 박 교사: 이번에는 호민이가 구슬을 넣어 볼래?
> 호민: (양손에 구슬과 실을 잡고 같은 방법으로 혼자 구슬을 꿰어 본다.)
> 　　　　　　　　　　　　　　　　　　　　　　　(2005. 9. 13.)

교사가 신나게 놀면 영아들의 놀이 활동 역시 활기가 넘친다. 영아의 놀이는 거울처럼 교사의 놀이 활동이 반복되는 것이었으며, 교사가 신나게 노는 만큼 영아의 놀이도 신나게 이루어졌다.

영서는 노는 도중 도움이 필요하면 교사에게 쉽게 다가갔다. 탐색영역 교구장 안에서 모형과일 퍼즐을 꺼내 엄지와 집게손가락으로 고추 모양의 퍼즐꼭지를 잡고 박 교사를 바라보았다. 영서가

꼭지 달린 초록 고추 퍼즐을 들어 보이며 물었다.

> 탐색 교구장 안에서 과일 모형 퍼즐을 꺼내어 책상에 앉는다. 그리고는
> 초록색 고추 모양의 퍼즐꼭지를 잡아 올리더니 박 교사를 바라본다.
> 영서: 이게 머예요?
> 박 교사: 초록색 고추네.
> 영서: 토록땍 고~추, 고~추
>   (모형과일 퍼즐을 계속 맞춘다.)
> 박 교사: (영서에게 다가가 함께 퍼즐을 맞추며 각각 퍼즐의 이름을 말
>   해 준다.)
>
> (2005. 6. 3.)

박 교사는 영서에게 다가가 초록색 고추와 주황색 당근 등 퍼즐의 이름을 모두 이야기하였다. 영서가 퍼즐을 맞추면서 초록색 고추 퍼즐의 이름을 물어보았는데, 박 교사는 영서에게 다가가 다른 퍼즐의 이름을 모두 이야기해 주었다. 이런 경험을 반복하는 동안 영서는 놀면서 궁금한 것들에 대해 언제라도 교사에게 다가가 질문하여 호기심을 충족하였다.

영아는 교사와 놀면서 갈등을 유발하는 또래관계와는 다르게 긴 시간 신나는 놀이를 함께할 수 있도록 자신의 요구를 최대한 수용해 주고 배려해 주는 교사와 노는 것을 무척 좋아하였다. 또래처럼 놀잇감을 빼앗는 갈등관계를 경험하지 않으면서도 자신들에게 수직적인 관계로 지도하는 성인이 아닌, 교사가 또래처럼 놀아 주면 영아는 가장 행복하게 긴 시간 동안 놀았다.

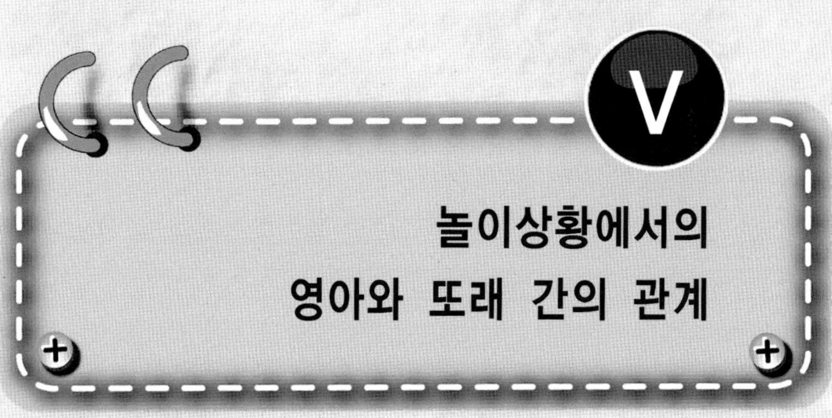

V
놀이상황에서의
영아와 또래 간의 관계

또래에 대한 하늘반 영아의 관심이 증가하면서 또래관계가 형성
되기 시작하였다. 교실이라는 제한된 공간 안에서 10명의 영아가
하루 7-8시간 이상을 함께 생활하는 동안, 원하든 원하지 않든
또래와의 상호작용이 많아지고 다양한 관계가 형성되었다. 자유놀
이 시간 동안 서로 관계를 형성하면서 긍정적인 또래관계도 있었
지만, 특정 또래를 발견하면 경계하거나 회피하는 부정적 또래관계
도 형성되었다.

학기 초, 자유놀이를 할 때 영아들은 개별적으로 한 명씩 흩어
져 자신만의 작은 공간 안에서 단순한 놀이 활동을 하였다. 이 시
기 영아들은 놀이 시간이 짧고 놀이영역이나 놀이내용이 자주 변
화되었다. 영아 개개인은 작은 영역에서 점 하나가 교실의 한 곳
에 나타났다가 곧 다른 곳으로 이동하는 모습처럼 보였다. 그렇게
흩어진 점으로 보였던 개별 영아들의 노는 모습이 5, 6월부터는
조금씩 무리를 지어 2-3명의 영아가 한 단위로 움직였다. 그 이
후에는 영아의 개별 놀이가 진행되다가도 어느 순간 5-7명의 영

아가 한 무리를 이루어 아주 짧은 시간이나마 대집단 놀이를 하기도 하였다. 그리고는 다시 작은 집단을 형성하여 놀거나 혼자 노는 등 또래와의 관계 맺기는 시시각각 다양한 모습을 보였다. 또한 여름이 지나면서부터는 고정된 놀이 친구가 형성되기도 하였다.

A 또래에 대한 관심과 상호작용을 통한 관계 형성하기

하늘반 영아들은 적응 프로그램을 마친 뒤 엄마나 할머니와 헤어진 이후, 교실에서 교사와 영아들만 생활하게 된 3월 말에는 또래에 대한 관심보다는 교사와 놀잇감에 대한 관심이 더 많았다. 그렇지만 시간이 지나면서 드물지만 한 아이가 놀잇감을 가지고 움직이면 따라가거나 서로 동일한 놀잇감을 들고 또래 곁으로 다가가는 초보적인 상호작용을 하였다. 또한 또래의 행동을 보면서 함께 웃고 즐거워하는 등 또래관계에서 긍정적인 정서가 나타났고 함께 놀고 싶지만 욕구가 같은 또래 간 갈등관계를 형성하기도 하였다. 한 해 동안 영아는 관심 대상으로서 또래를 인식하게 되었고, 또래의 눈빛·몸짓을 이해하면서 또래관계를 형성하였다.

1. 관심 대상으로의 또래관계 형성하기

영아들은 한 해 동안 하루 7－8시간의 만남을 통해 또래에게 관심을 갖기 시작하며 사회적 관계를 맺었다. 그렇지만 학기 초에는 또래에 대한 관심보다는 교사와 함께 놀잇감에 대한 흥미를 보이면서 놀았다. 이 시기 영아들은 놀잇감을 활용한 혼자 놀이를 활발하게 하였고 시간이 지나면서 또래에게 관심을 보이면서 긍정적·부정적 관계를 형성하였다.

> 준혁: (바람 나오는 모형과일을 들고서 꾹꾹 눌러 삐익 하는 바람 소리를 내며 교실 안을 돌아다닌다. 교실 안을 돌아다니다가 다른 영아와 부딪치지만 또래를 향하여 모형과일을 눌러 바람을 만들지는 않는다.)
> 호진: (앉아서 나무 자동차를 굴리면서 교실 안을 돌아다닌다. 굴리던 나무 자동차가 또래의 발에 부딪치면 고개를 들어 한 번 보고는 별 다른 반응 없이 또래를 피해 다시 나무 자동차를 굴린다.)
> 정우: (나무 강아지 인형을 끌면서 교실 안을 돌아다니다가 또래와 부딪친다.)
> 어~엉~
>
> (2005. 4. 1.)

이와 같이 학기 초에는 놀잇감으로 놀면서 교실 안을 돌아다니다가 다른 또래와 신체적인 부딪침이 있어도 별로 개의치 않고 긍정이나 부정의 감정을 표현하지 않았다. 영아들은 또래에게 관심이 없는 것은 물론 서로 관련 없는 외부인들처럼 대하는 모습이었다. 교실 공간은 소리 나는 감각 놀잇감의 소리로 가득 차 있고 또래 간의 갈등으로 인한 불쾌한 감정이나 또래에 대한 영아의 표현은 들리지 않았다. 영아들은 3월에는 놀면서 놀잇감과 영아가 1 : 1 관계를 맺고 있을 뿐 또래 간에는 서로 영향을 미치지 않는 듯 보였다.

Winter(1985)의 연구에서 보여 준 바와 같이 1세반 영아의 놀이는 혼자만의 놀이 또는 근접놀이 형태로 나타났다. 하늘반 영아는 또래와 멀리 떨어져서 서로 외면하고 혼자 놀기도 하고 또래와 가까이 놀지만 혼자 놀 뿐, 아직 또래에 대한 관심은 보이지 않았다. 한편 교사가 영아의 놀이를 격려하기 위해 놀이영역으로 가면 교사에게는 관심을 보였다.

그런데 같은 날에도 아주 단순한 방법으로 또래에 대한 관심을 표현하면서 노는 영아의 모습을 볼 수 있었다.

호진: (펭귄 인형을 안고 미끄럼틀 주변을 돈다.)
종서: (나무망치 놀잇감을 들고 호진이 뒤를 따라 돈다.)
성균: (레고 자동차 블록을 굴리다가 호진이와 종서가 돌고 있는 중간에
    들어가 함께 돈다.)
호진, 종서, 성균 세 명의 영아가 미끄럼틀 주변을 원을 그리며 돈다.

(2005. 4. 12.)

호진이와 종서, 성균이는 각자 다른 영역에서 놀았다. 호진이는 언어영역 매트에서 펭귄 인형에 몸을 기대고 있다가 인형을 안고 미끄럼틀 주변으로 나왔고 종서는 탐색책상에서 나무망치 놀잇감으로 놀고 있었다. 성균이 역시 신체영역에서 자동차 블록을 굴리던 중 호진이와 종서의 뛰는 모습을 보면서 또래의 놀이 속에 합류하여 함께 달리기 시작하였다. 세 명의 영아가 각자 놀던 영역과 놀이하던 놀잇감이 달랐지만 또래의 움직임에 영향을 받고 또래와 함께 놀게 된 것이다. 서로 달리는 속도를 조절하면서 앞에서 달리는 영아와 뒤에서 달리는 영아의 순서도 변하지 않고 수차례 미끄럼틀 주변을 돌았다. 다른 영역에서 다른 놀잇감을 들고 각각 놀던 아이들이 또래에 의해 영향을 받고 함께 뛰게 되었음을 보여 주는 사례이다.

교사와 놀다가도 이제는 또래에게 관심을 갖고 이를 표현하는 영아의 모습도 볼 수 있었다. 또래에게 자신이 놀던 놀잇감을 건네주기도 하고 교사와 '까꿍' 놀이를 하던 영아가 곁에 있는 또래에게도 '까꿍' 놀이를 하면서 또래에게 관심을 표현하는 것은 놀잇감이나 교사를 향했던 관심이 또래에게도 표현되는 것을 보여 주는 것이다.

정우가 전화기를 자신의 귀에 대고 진지하게 알 수 없는 소리로 통화를 하였다. 그리고는 수화기를 성균이에게 대 주어 누구와 통화하는지 알 수 없지만 성균이와 정우는 잠시 동안 친밀한 놀이 동반자가 되었다. 언어표현이 가능하다면 두 영아가 어떤 이야기를 하며 수화기를 건네받고 전화를 하였는지 물어보고 싶은 놀이상황이었다. 이런 놀이상황은 하늘반 교실에서 항상 재현되었다.

호진이는 교사와 함께 까꿍 놀이를 무척 즐겁게 하다가 곁에 있는 또래를 향하여 까꿍 놀이를 시작하였다. 정우는 호민이를 등 뒤에서 감싸 안아 또래에 대한 관심을 적극적으로 표현하였다. 박 교사는 곁에서 지켜보다가 아이들이 또래와 긍정적인 관계를 형성할 수 있도록 개입하였다. 정우에게 "호민이가 안기는 것이 답답하고 싶을 것 같은데" 하며 호민이의 마음을 정우에게 이야기해 주었다.

Holloway와 동료들(1988)은 영아와 교사의 상호작용에서 교사의 따뜻한 반응, 긍정적 반응, 의견 존중, 느낌이나 사고를 언어화해 주는 행동은 영아를 격려한다고 한 것처럼 호민이의 느낌이나 사고를 언어화해 정우가 호민이와 긍정적인 관계를 갖도록 하였다.

> 유진이와 영서는 똑같은 곰 인형을 포대기로 업고 앞치마도 입었다.
> 유진: (미끄럼틀 위로 간다.)
> 영서: (신체영역으로 가서 블록 놀이를 한다.)
> 종서: (미끄럼을 타다가 창의영역으로 가서 포대기와 곰 인형을 안고 박
>   교사에게 간다.)
> 박 교사: 종서야! 종서도 유진이처럼 아기 업어 줄 거야? 곰 인형 업고
>   자장자장 해줄까? (종서에게 포대기로 곰 인형을 업어 준다.)
> 종서: (포대기로 곰 인형을 업고 교실 안을 돌아다닌다.)
> (2005. 5. 31.)

종서는 미끄럼틀에 있다가 포대기로 인형을 업고 있는 유진이를 보고는 자신도 인형을 업기 위해 인형과 포대기를 들고 교사에게 다가갔다. 인형을 업은 채, 또래와 눈에 보이는 관계를 맺지는 않지만 또래의 놀이나 놀잇감을 보면서 자신도 동일한 놀이를 시작하였다. 또래의 놀이에 영향을 받고 놀잇감을 선택하였지만 곧 다른 놀이를 하기 위해 이동하는 경우도 있었다. 이처럼 학기 초 영아들의 또래관계는 놀잇감에 대한 관심의 확장으로 보일 만큼 또래와의 직접적인 영향보다는 놀잇감을 통한 또래와의 관계를 형성하였다.

2. 눈빛·몸짓 등의 교류를 통한 또래관계 형성하기

매일 만나게 됨으로 인해 또래에 대한 관심이 많아진 아이들은 자신만의 몸짓으로 이야기를 나누기 시작하였다. 서로 말을 나누지는 않지만 손과 발의 동작·표정·시선·자세·접촉 등으로 영아는 또래와 이야기를 하고 그 이야기에 대한 응답을 하면서 서로 친밀감이나 거부감을 표현하기 시작하였다.

종서가 탐색책상에서 막대에 끼워 넣는 나무 공을 책상 위에 부딪히며 소리를 냈다. 이 소리를 듣던 호진이도 보던 그림책을 내려놓고 종서가 냈던 소리를 따라 나무 공으로 소리를 냈다. 두 영아는 서로 얼굴을 마주보면서 동일한 놀잇감으로 또래의 놀이를 따라 하였다.

> 종서가 나무 공을 양손에 들고 탐색책상 위를 친다. 나무 부딪히는 소리
> 가 크게 들린다.
> 호진: (종서를 따라 나무 공으로 책상을 쳐서 똑같은 소리를 내 본다.)
> 종서: (호진이를 바라보면서 큰소리를 낸다.)
> 호진이와 종서는 웃음 띤 얼굴로 마주보며 둘이 번갈아 소리를 낸다.
>
> (2005. 6. 24.)

이렇게 영아는 자신의 놀이를 하다가도 또래와의 관계에 관심을 갖고 동일한 놀잇감을 매개로 또래 곁에서 함께 놀았다. 놀면서 서로 영향을 주고 그에 대한 또래의 반응을 보기 위하여 눈빛을 주고받는 또래의 관계를 볼 수 있었다.

여름이 시작되면서 영아들의 상징놀이가 활발하게 이루어지기 시작하였다. 유진이가 먼저 아기 인형을 돌보자 호민, 종서, 정우,

형민, 호진이까지 모두 창의영역에서 아기를 돌보는 엄마가 되어 옹기종기 모여 앉았다. 그렇지만 인형 돌보기를 하던 호민이는 아기를 업고 내려놓은 다음에는 어떤 역할을 해야 할지 모르는 듯 아기 인형을 바닥에 내려놓고 신체영역으로 이동하였다. 유진이는 바닥에 놓인 아기 인형을 안고 호민이에게 데려다 주었다. 또한 정우도 아기 인형을 데리고 놀이집 안으로 들어가면서 인형을 손에 들고 다녔다. 또래를 보면서 동일한 놀잇감으로 인형을 돌보지만 놀이내용은 조금씩 자신의 발달차를 반영하며 다르게 나타났다.

> 유진이가 창의영역에서 아기 인형을 안고 플라스틱 병을 입에 대어준다.
> 호민, 종서, 정우, 형민, 호진이도 창의 영역에서 인형을 안고 있다가 포대기를 바닥에 깔고 그 위에 아기 인형을 내려놓는다.
> 호민이는 인형을 내려놓고 신체영역으로 간다.
> 종서, 정우, 형민, 호진이는 모형과일을 가지고 와서 아기 인형 입에 대준다.
> 정우: (종서와 형민이를 보고 손을 흔들며 아기 인형을 손에 들고 놀이집으로 간다.)
> 종서, 형민: (정우와 눈을 맞추고 웃더니 놀이집 안으로 들어간다.)
> 호진: (플라스틱 병을 가져다 아기 인형 입에 대준다.)
>
> (2005. 6. 17.)

6월이 되자 영아들은 서로 손을 잡거나 눈짓과 몸짓으로 함께 놀 때가 많아졌다. 유진이는 표현 언어가 발달되지 않아 자신의 의사를 말할 수 없지만, 또래와 좁은 공간인 미끄럼틀에 앉아 서로 마주보고 한 번씩 핸들을 돌리는 몸짓을 하였다. 곁에 있는 영아가 "붕~부웅~" 하고 이야기해 주면 더 빠르게 공중에서 핸들을 돌리는 손짓을 하였다.

미끄럼틀 위에 유진이와 성균이가 나란히 앉아 있다.
유진: (허공에서 두 손을 돌린다. 웃음소리가 조금 들린다.)
성균: (허공에서 두 손을 좌, 우로 빠르게 돌린다.)
　　붕~ 부응~

(2004. 5. 3.)

　교실 중앙의 미끄럼틀 위에 유진이와 성균이가 나란히 앉아 자동차 놀이를 하였다. 두 영아 모두 단순하게 허공에서 손을 좌, 우로 돌리면서 간간이 서로 마주보고 웃었다. Vandell과 동료들(1980)에 의하면 생후 1년 이후부터 영아들은 언어교환능력을 갖게 되어 또래에게 요구나 바람을 표현하는 행동, 모방행동, 또래의 요구를 받아들이고 수행하는 행동 등을 한다. 이처럼 유진이와 성균이는 놀잇감 없이 놀다가 상대방의 몸짓과 손짓을 이해하며 운전 놀이를 하게 되었다.

　영서 역시 호민이의 놀이 의도를 잘 파악하여 또래와 함께 놀 수 있었다. 영서는 호민이의 행동을 무서워하기보다 호민이가 호랑이 놀이를 의도하고 있음을 파악하고 즐겁게 놀아 준 것이다. 이렇듯 또래친구의 몸짓이나 의도를 파악하는 영서를 또래들이 좋아해 친밀한 관계를 형성하게 되었다.

하루 종일 비가 와서 실외놀이를 못 하고 신체활동실로 이동한다.
호민: (신체활동실 문을 열면서, 또래들에게 할퀴듯이 양손을 오므렸다
　　　폈다를 반복하면서 신체활동실 안을 돌아다닌다.) 와~왕 왕 왕
영아들: (호민이의 놀이에 전혀 반응하지 않고 볼풀장에서 공을 던진다.)
영서: (볼풀장에서 나와 박 교사에게 다가간다.) 날 돔 도와 두세여~
박 교사: 왜?
윤서: 저기 가면 호랭이가 이떠여
박 교사: (영서가 가리키는 방향에 형주가 있어 형주를 본다.)

박 교사: 형주가 호랑이니?

윤서: 아니, 호민이가 호랭이야 (호민이 뒤를 따라 가면서) 호랭아! 호
랭아!

태민: (혼자 호랑이처럼 주먹을 쥐고 손가락을 폈다 오므렸다 하면서 신
체활동실을 돌아다닌다.) 와~앙, 왕 왕! (무척 신나는 듯 영서를
향해 손을 오므렸다 편다.)

윤서: (무척 재미있다는 듯이 웃으면서) 무더워여 (매트를 향해 **빠르게**
뛰어간다.)

태민: 와앙~ 왕 왕! (더욱 신나게 소리치며 영서의 뒤를 **따라간다.**)

(2005 .10. 7.)

눈빛·손짓·몸짓을 보고 의사소통함으로써 서로의 생각을 이해하고 또래의 기대에 부응하며 함께 노는 것이 가능하였다. 놀이하는 또래의 모습을 보면서 또래가 하는 놀이를 파악하고 또래의 요구, 바람을 알고 적절한 반응을 할 수 있는 영아는 또래와의 놀이를 지속할 수 있었다.

3. 놀이대상으로서의 또래관계 형성하기

영아들은 또래에게 관심을 갖고 또래의 눈빛, 몸짓을 이해하면시 또래와 더욱 많은 상호작용을 하면서 놀았나. 여름, 가을 무렵이 되어서는 부정적이든, 긍정적이든 또래와 긴밀한 관계를 맺으면서 놀았다.

호진이는 한 해 동안 정우에게 다가가기 위해 계속 노력하지만 부정적인 경험을 하게 될 뿐 정우의 놀이 짝이 될 수 없었다. 정우는 놀이 짝으로 항상 종서에게 손을 내밀고 호진이는 교사의 도움을 받아 정우에게 잠시 다가가지만 그때뿐이었다. 또한 정우가

호진이의 놀잇감을 빼앗을 때 호진이는 마지못해 빼앗기지만 정우
가 보지 않는 틈을 타서, 정우를 향해 주변에 흩어진 놀잇감을 발
로 차거나 놀잇감을 던져 보았다. 호진이는 화난 자신의 감정을
정우가 보는 앞에서 표현할 수는 없지만 돌아선 정우의 뒷모습을
보면서 부정적인 감정을 표현하였다. 호진이는 가을 무렵부터는 정
우의 곁을 서성일 뿐 다가가 관계를 맺지 못하였다. 정우는 계속
종서와 친밀한 또래관계를 유지하였다.

<blockquote>
정우가 종서와 함께 나란히 미끄럼틀에 올라가 앉아 있다.
정우: (두 손을 나란히 핸들을 쥔 듯이 허공에서 좌, 우로 돌린다.)
　　　붕 붕 붕~~
호진: 어디 가?
정우: (호진이를 보지 않는다.) 붕~~
호진: 어디 가?
정우: (대답하지 않고 계속 운전 놀이를 한다.)
정우가 일어나면서 종서도 따라 일어난다.
호진: (정우 뒤를 따라간다.) 어디 가?
정우: (호진이를 돌아보지 않는다.)
</blockquote>

(2005. 10. 21.)

10명의 영아 중 남아가 8명이었는데 형주와 준혁이는 또래와 밀
접한 관계를 형성하지 않았고 성균, 호민, 형민이를 제외하면 정우
와 종서는 친하게 지냈으며 모든 또래들과 잘 놀았다. 호진이는
정우, 종서와 함께 놀고 싶었으나 둘이 너무 친밀하여 호진이가
들어갈 틈이 전혀 없어 호진이는 혼자 퍼즐을 맞추거나 블록 쌓기
놀이를 혼자 하곤 하였다. 정우는 놀잇감을 편안하게 공유할 뿐
아니라 교사에게 이르지 않는 종서와 학급이 바뀔 때까지 친밀한

관계를 유지하였다. 영아가 또래와 상호작용하는 경험은 어머니 등 성인과의 관계와는 다른 새로운 환경과 탐색행동을 고무시켜 줌으로써 능동적인 관계를 갖게 하는데(Bakeman & Adamson, 1984) 정우와 종서는 함께 새로운 환경을 탐색하는 놀이친구가 된 것이다. 또한 정우와 종서의 관계 속에 또래로서 인정받지 못하면서도 겨우내 호진이는 또래들 곁에서 머뭇거렸다. Catherine(1977)에 의하면 2세 영아들은 사회적 기술이 없는 또래와 노는 방법을 배우기 위해 협조적인 성인의 지원을 받아야 한다고 하였다. 성인의 지원으로 영아들은 다른 영아에게 관심을 갖게 된다는 것이다. 교사 대 영아의 비율이 높은 영아반에서 교사들은 신체적 갈등은 민감하게 중재하지만, 영아들이 직면하는 또래 간 심리적 갈등에 대해서는 반응하지 않는 경우도 있다. 본 연구 참여대상자인 영아들 중에는 심리적 갈등을 중재하는 교사의 도움이 필요한 아이도 있었다. 이 시기 영아의 또래관계 발달은 이후 발달에 계속적인 영향을 미치게 되므로 영아반 교사도 영아 간 심리적인 또래 간 관계를 관찰하면서 도움을 주어야 한다.

정우: (놀이집 안에 들어간다.) 진이가 들어가지만 정우가 문을 꽉 쥐고
    열어 주지 않는다.
호진: (놀이집에 들어가려고 놀이집 문을 민다.)
정우: (놀이집 문을 꽉 쥐고 열어 주지 않는다.)
박 교사: (놀이집 곁으로 간다.)
    땡동~ 호진이가 들어가고 싶은데요
정우: (천천히 문을 열어 준다.)
호진: (놀이집 안으로 들어간다.)

(2005. 6. 10.)

　호진이는 정우와 또래관계를 형성하고 싶었지만 정우에게 거부
당하곤 하였는데, 일단 거부당한 후에는 뒤돌아선 정우에게 간접적
으로 화를 냈다. 바닥에 떨어진 블록을 발로 차거나, 정우가 싫어
하는 행동을 하고, 혀를 내밀기도 하였다.

　성균이는 놀잇감을 빼앗기거나 놀이가 중단되는 상황에 대해 예
민하였지만 경계하지는 않았다. 성균이는 영서가 공놀이를 함께 해
주면 더욱 신나게 공놀이를 할 수 있었다.

　성균이가 교실에서 공을 던지고 공을 잡으러 달려간다. 잡은 공을 다시
바닥에 튕기면서 굴러가는 공을 발로 찬다. 성균이가 혼자 공놀이하는
모습을 보던 영서가 공을 하나 들고 앞으로 던진다. 곁에서 보던 종서도
공을 집어 던진다. 교실에서 세 명의 영아가 삼각형 형태로 흩어져 공을
던지다가 영서가 성균이 곁으로 간다.
영서: 시닥!(공을 던지고는 달린다.)
종서: (공을 던진다.)
영서: 시닥!
영서: (성균이를 응시하고 있다가 성균이가 발로 공을 차려는 순간 또
　　　한 번 외친다.)
영서: 시닥!
성균: (영서의 소리를 듣고서야 공을 찬다.)
각자 자신이 던진 공을 잡고는 삼각형 모양으로 흩어졌던 영아들이 성균
이 옆으로 나란히 선다.
종서가 던지고 성균이가 발로 차고 영서가 제일 마지막에 공을 던지면서
다시 한 번 영서가 큰소리로 말해 준다.
영서: 시닥!
세 명의 영아가 영서의 시작이라는 소리에 따라 순서대로 공을 차고 던
지고 교실을 가로 질러 신나는 공놀이를 한다.
(2005. 7. 1.)

　영아들이 함께 노는 동안 항상 갈등이 없었던 것은 아니지만 7,
8월부터는 또래와 함께 노는 일이 많아졌다. 한 번 만나 놀이가

시작되면 긴 시간 지속되었다. 봄에는 영아들의 놀이가 개별적으로 이루어졌지만 여름, 가을 무렵에 영아들의 놀이를 살펴보면 '함께'라는 용어가 제일 먼저 떠오를 만큼 또래들과 어울려 놀았다. 종서는 자신의 영역에서 놀지만 가을 무렵부터는 손을 내밀고 함께 놀자는 정우의 손을 잡고 정우 곁에서 고정된 짝으로 노는 경우가 많았다.

종서가 정우를 따라 다시 미끄럼틀에 올라간다
호진이가 간식을 다 먹고 미끄럼틀로 가까이 간다.
정우: 타지마. 띠장 가지마
호진: (정우의 말을 듣고도 웃으면서 천천히 미끄럼틀을 잡고 올라간다.)
정우: 야~아!
호진: (미끄럼틀 위로 올라가자 정우가 오른손으로 호진이의 왼쪽 얼굴
      을 세게 민다. 울먹이면서 정우를 손으로 가리킨다.)
박 교사가 미끄럼틀에 다가온다. 호진이는 정우를 가리켰던 손을 내려 정우에게 맞은 일에 대해 박 교사에게 더 이상 표현하지 않는다.
(2005. 6. 15.)

정우가 둥근 놀이집 안으로 들어가는 종서의 등을 미는 모습을 본 김 교사가 달려간다.
김 교사: 정우야! 종서랑 같이 놀이하고 싶어서 그랬니?
정우: 으응
김 교사: 정우야! 그럼 종서의 손을 잡아야지
정우: (종서에게 손을 내밀어 손을 잡는다.)
종서: (밤색 가방을 목에 걸고 정우와 손을 잡고 놀이집에 갔다가 나오
      더니 창의영역으로 간다. 탐색책상에 가는 동안 정우와 손을 꼭
      잡고 간다.)
정우: (둥근 놀이집 안으로 들어간다.)
정우와 종서는 손을 꼭 잡고 둥근 놀이집 안으로 들어간다. 미끄럼틀 주변을 한 바퀴 돌고 창의영역의 싱크대에 가는 동안 계속 손을 잡고 간다.
(2005. 8. 17.)

8, 9월로 접어들면서 영아들은 서로 손을 잡거나 눈짓·몸짓으로 함께Ⅰ. 서 론 놀 때가 많아졌다. 유진이는 표현 언어가 발달되지 않아 자신의 의사를 말할 수 없지만 또래와 둘이 미끄럼틀 좁은 공간에 앉아 서로 마주보고 한 번씩 핸들을 돌리는 몸짓을 하다가 곁에 있는 영아가 "붕~ 부웅~" 하고 이야기해 주면 더 빠르게 공중에서 핸들을 돌리는 손짓을 하였다. 신체활동실에서 몸짓이나 눈짓만으로 두 영아가 둥근 원 매트를 밀어주고 순서를 바꾸어서 매트를 밀어주는 놀이를 할 때 영아들은 교사가 도와주지 않아도 자기들이 만든 규칙에 따라 순서대로 신나게 놀았다.

여름 무렵부터 교사와 함께 시작한 놀이지만, 한 영아가 둥근 원 매트 안에 들어가 누우면 다른 아이들은 원 매트를 신체활동실의 한쪽 벽까지 밀고 간다. 그 다음 매트 안에 있던 영아는 밖으로 나오고 매트를 밀던 다른 아이가 매트 안으로 들어가면 밖에 있는 영아들이 굴려서 다시 반대편으로 간다. 원 매트 굴리기를 할 때 영아들은 자신의 욕구를 고집하기보다는 자율적으로 순서를 정하고 놀았다. 나름대로 규칙을 정하면 또래 모두가 수용하는 모습을 볼 수 있었는데 정우도 예외는 아니었다. 2~3명의 또래가 끝까지 밀고 안에 있는 영아에게 나오라고 손을 잡아 주자 알았다는 듯이 정우가 나와서 매트를 밀었는데, 매트 안에 들어가는 놀이도 즐겁지만 또래가 들어가 누운 동그란 매트를 빠른 속도로 굴리는 놀이 역시 흥미 있어 하였다. 또 여러 명의 영아가 함께 놀면서 또래의 뜻을 수용해야 한다는 자기 나름대로의 인식이 있어서 정우도 순서를 잘 지켰다.

또래와 함께 놀잇감을 나누거나 자신의 놀이영역에 다른 아이가 들어오는 것을 거부하던 유진이도 또래의 놀이상황을 방해하지 않는 호진이나 형민이에게는 항상 우호적이었다. 신체활동실이나 교실에서 미끄럼틀 아래 좁은 밀폐된 공간에서 함께 옹기종기 모여 있는 것만으로도 충분히 즐거운 놀이가 되는 모습을 자주 볼 수 있었다. 단 이때에도 끝까지 즐겁게 놀 수 있는 영아가 있는가 하면 놀이 중에 일방적으로 놀이를 중단시키는 영아가 있었는데 영아들은 놀이를 중단시키는 아이가 가까이 오면 얼른 그 영역을 빠져나와 새로운 놀이를 찾았다.

B 놀잇감을 매개로 또래관계 형성하기

1. 갈등대상으로의 또래관계

영아반에서의 2주간 적응 프로그램이 끝난 후 자유놀이를 할 때 들리는 울음소리는 대부분 등원 시 헤어진 엄마를 생각하는 영아들로 인해서였다. 학기 초, 우는 영아를 위해 교사가 손을 잡고 자라나 거북이를 보게 하거나 가족사진을 보여 주어도 아이는 쉽게 울음을 그치지 않았다. 교사의 존재도 소용이 없었던 것이다.

어린이집 적응 프로그램이 끝나자 교사는 놀잇감을 매개로 영아에게 가까이 다가갔다. 영아가 보호자와 적응 프로그램에 참여하는 동안 교사는 영아가 좋아하는 놀잇감을 파악한 상태였으므로 영아에게 익숙한 놀잇감을 건네주면서 영아가 쉽게 교실에 들어오도록 하였다.

준혁이는 할머니와 헤어지기 힘들어하면서 또래의 모습이 보이는 교실 문 앞에서 들어가지 못하고 서 있었다. 아침 일찍 등원한 유진이와 호진이가 있었지만 준혁이는 관심을 보이지 않았다. 준혁이는 태엽을 감아 움직이는 강아지 인형을 보고는 교실 안으로 쉽게 들어왔다.

(2005. 3. 25.)

아침 등원 때마다 교사들은 개별적으로 영아들이 좋아하는 놀잇감을 들고 교실 문 앞에서 놀잇감을 매개로 인사를 나누었다. 영아들은 낯선 교사나 아직은 관심을 갖지 않고 있는 또래보다는 적응 프로그램 동안 엄마와 함께 놀이했던 놀잇감이 영아의 관심을 끌고 있었다.

4월이 되어 영아가 특정한 놀잇감을 좋아하고 잠시라도 노는 즐거움으로 교실이 평온해지기 시작했다. 영아는 자신의 요구를 수용해 주고 민감하게 정서적 지원을 해 주는 교사와 관계를 맺었지만, 또래에 대해서는 그다지 관심을 보이지 않았다. 또래와 긍정적인 상호작용도 없었지만 또래의 놀잇감을 빼앗거나 또래들과 신체적으로 부딪치는 등의 부정적 관계도 없었다. 적응 프로그램 이후에도 영아는 또래보다는 놀잇감의 매력에 의해 양육자와 헤어져 교실에 들어올 수 있었다.

특히 3, 4월에 영아들은 탐색영역에 제시된 소리 나는 책, 북, 딸랑이나 태엽을 감으면 움직이는 강아지 인형 등 시·청각적인 자극을 즐기면서 놀이하였다. 이 시기에 영아는 교사나 또래와 관계를 형성하기보다는 자신이 조작하면 소리가 나거나 빛이 반짝이는 놀잇감을 탐색하면서 교실에서의 생활에 익숙해지게 되었다. 이때 영아들은 단순한 행동이나 반복된 조작을 통해 놀잇감의 다양한 소리를 듣고 즐겼다. 혼자 놀잇감을 가지고 놀 때에는 짧은 시간 집중하여 한 가지 놀이를 했지만 단순하고 반복적인 활동을 즐기면서 개별적으로 노는 영아들의 모습이 나타났다. 또한 교사는 영아가 놀잇감을 활용하여 즐겁게 놀 수 있도록 영아 곁에서 한걸음 물러나 영아를 지켜보았다.

영아들은 반복되는 소리를 들을 수 있는 놀잇감을 특히 좋아했는데, 이 무렵 영아반 교실은 소리 나는 놀잇감으로 인해 교실은 소리로 가득 찬 공사장 같았다.

영아들의 부정적 또래관계는 누군가가 놀잇감을 빼앗을 때 시작되었다. 학기 초, 대부분의 영아들은 또래가 이미 가지고 놀던 놀잇감이라도 갖고자 하는 욕구가 발생하면 어떤 또래가 갖고 놀더라도 개의치 않고 놀잇감을 빼앗았다. 그런데 영아들은 점차 많은 시간 동안 또래들과 함께 지내면서 또래의 반응을 반복하여 경험하고 또래에 대한 반응과 행동을 예측할 수 있게 되었다. 영아들은 갖고 싶은 놀잇감을 보았을 때 놀잇감을 빼앗기고도 크게 반응하지 않는 또래의 놀잇감을 빼앗는 경우가 많았다. 반면에 놀잇감을 빼앗기면 교사에게 도움을 청하기 위하여 큰소리로 우는 아이, 놀잇감을 빼앗은 또래를 끝까지 따라가는 아이의 놀잇감은 별로 빼앗지 않았다.

놀잇감을 빼앗긴 아이가 교사에게 다가가 자신의 속상한 감정을 몸짓으로 표현한 후 놀잇감을 되찾아 오는 유진이도 있었다. 정우는 유진이의 놀잇감을 빼앗으면 항상 교사가 개입하고 다시 놀잇감을 되돌려 주어야 하기 때문에 유진이의 놀잇감을 빼앗거가 유진이를 신체적으로 괴롭히지 않았다. 왜냐하면 유진이는 또래의 놀잇감을 빼앗거나 신체적으로 갈등을 해결하는 경우가 거의 없었기 때문에 유진이가 우는 경우 교사들은 유진이에게 적극적인 도움을 주었기 때문에 정우는 유진이의 놀이를 방해하지 않는 편이었다.

유진이와 정우가 나란히 앉아 있다.
유진: (바구니에서 모형과일을 한 개 꺼낸다.)
정우: (유진이 손에 잡힌 모형포도를 빼앗아 뛰어간다.)
유진: 아아앙앙…… (정우의 뒤를 따라간다.)
김 교사: (정우의 손을 잡고 유진이에게 온다.)
     유진아! 포도, 유진이가 가지고 있던 거니?
유진: (고개를 끄덕인다.)
김 교사: (유진이에게 모형포도가 많이 들어있는 바구니를 보여 준다.)
     유진아! 정우야! 바구니에 포도 이렇게 많이 있어!
정우: (모형포도를 바닥에 던지고는 미끄럼틀로 올라간다.)

(2005. 5. 3.)

유진이가 놀 때 또래들은 놀잇감을 빼앗거나 놀이를 방해하지 않는다. 유진이는 화난 감정을 교사에게 반드시 전달하고 교사가 얼른 도움을 주러 오지 못하는 경우에는 교사의 곁으로 다가가 손짓과 몸짓으로 자신의 상황을 전달하였다. 교사는 원인 제공자인 또래에게 가서 유진이가 빼앗긴 놀잇감을 들려주게 하였다. 유진이는 한 번 울면 10여분 이상 큰소리로 울기도 해서 유진이가 원하지 않는 상황을 빨리 해결해 주는 교사의 모습을 볼 수 있었다. 또래들은 유진이가 놀잇감을 빼앗긴 이후 어떻게 반응하는지 장기간 곁에서 본 영아들은 유진이의 놀잇감을 빼앗거나 놀이를 방해하지 않았다. 대부분 하늘반 영아들은 이런 유진이의 반응을 예측하면서 유진이의 놀잇감은 빼앗지 않았다. 다만 늦게 입소하였고 발달이 늦어 2006년에 특수아 프로그램에 등록한 형주는 예외였다.

모양 끼우기를 하던 유진이의 모양조각을 형주가 빼앗아 달아난다.
유진: 아이야 아야 (적극적으로 놀잇감을 빼앗은 형주를 뒤쫓아 간다.)
형주: (언어영역 매트에 구르듯이 엎드린다.)
유진: (형주의 손에 든 모양조각을 빼앗아 탐색책상으로 간다.)
(2005. 4. 29.)

하늘반 영아들은 놀잇감을 빼앗는 형주의 행동에 대해서는 많은 경험을 통해 적절하게 대처하면서 결코 놀잇감을 빼앗기지 않기 위해 형주를 경계하였다. 또래가 갖고 노는 놀잇감에 대해서도 자신의 욕구를 조절할 수 없는 영아는 또래로부터 경계심을 불러일으키고 또래가 피하는 모습을 볼 수 있었다.

퍼즐 상자를 끼우던 유진이 곁에 형주가 다가간다.
유진: (형주가 오는 방향을 등으로 가리기 위해 돌아앉는다.)
형주: (유진이의 등으로 가려진 퍼즐 상자 끼우기 놀잇감을 보지 못하고
유진이 등 뒤를 지나 교실을 돌아다닌다.)
(2005. 6. 13.)

놀잇감으로 일어나는 갈등을 해결할 때 상대 영아가 놀잇감에 대해 어떤 태도를 취하는지에 따라 또래관계를 형성하였다. 형민이는 또래들과 부정적인 관계는 물론 긍정적인 관계도 맺지 않고 혼자 놀았다. 형민이는 놀던 중 정우가 와서 블록을 잡으려 하자 아주 민첩하게 블록을 가슴에 끌어안고 등을 굽혀 온몸으로 블록을 감싸 안았다. 이렇게 형민이는 정우에게 결코 블록을 내주지 않았다. 그 결과 정우조차도 형민이의 놀잇감을 뺏을 수 없었다. 형민이가 쌓아 놓은 블록구성물을 무너뜨릴 수는 있지만 형민이가 놀고 있는 놀잇감을 빼앗는 행동은 할 수 없었고 그 이후 형민이의 놀잇감을 빼앗는 행동은 별로 보이지 않았다.

성균이는 긴 시간 혼자 집중하여 퍼즐이나 감각상자놀이를 좋아하였다. 성균이는 자신이 좋아하는 놀잇감으로 놀다가 또래가 가까이 다가오는 것만으로 위협을 느끼며 더 이상 놀지 못했다. 또래 중 정우, 준혁, 형주 등 놀잇감을 자주 빼앗는 아이가 다가가면 성균이는 놀잇감을 빼앗기지 않기 위해 날카로운 소리로 울기 시작하였다. 성균이는 자신의 놀이가 방해받는 것을 무척 힘들어하면서 아직 빼앗기지 않은 놀잇감을 품에 안고 울기 시작하였다. 교사는 놀잇감을 빼앗기지 않았는데도 다가가는 또래의 모습을 보면서 큰 소리로 우는 성균이에 대해 배려하는 일이 쉽지 않았다. 또한 성균이는 일단 놀이를 방해받고 울면 오래 울기 때문에 교사가 가까이 다가가 도움을 주어도 자신의 감정을 조절하지 못하고 오랜 시간 울면서 다시 신나게 놀이하지 못하였다. 성균이는 또래들로부터 방해받는 상황에 대해 너무 민감한 나머지 또래들이 없는 영역으로 놀잇감을 들고 이동하여 20여분 이상 탐색영역에서 선택한 퍼즐 등의 놀잇감으로 놀이에 집중하기도 하였다. 형민이와 호민이는 주변 또래로부터 별로 영향받지 않으면서 자신의 놀이를 즐겼다. 형민이나 호민이는 또래와 관계를 맺으면서 놀기보다는 자신이 좋아하는 놀잇감으로 혼자만의 놀이를 즐겼다.

놀잇감으로 인해 갈등상황이 일어날 때 놀잇감을 빼앗고 빼앗기는 외현적 상황만 본다면 또래 간 갈등은 놀잇감을 갖기 위한 갈등으로 보일 수도 있었다. 그렇지만 놀잇감을 빼앗은 영아가 놀잇감으로 어떤 놀이를 하는지 계속 관찰하면, 꼭 놀잇감을 갖고 놀기 위해 놀잇감을 빼앗은 것만은 아니라는 것을 알 수 있었다. 놀잇감에 대한 욕구의 표현이기보다는 단지 또래에 대한 관심으로서 또래의 놀이를 중단시키는 행동 자체에 흥미를 갖는 것으로 보이기도 하였다. 영아는 또래가 재미있게 노는 모습을 보고 또래의 놀잇감을 빼앗고 방해하면서 놀잇감을 빼앗긴 또래의 반응을 보고, 놀잇감을 되찾기 위한 또래의 행동을 보는 것 자체를 또래와 함께 하는 놀이로 생각하는 것 같았다. 또래의 놀잇감을 빼앗는 행동도 또래에 대한 관심이 표현되는 다양한 행동의 하나였다. Muller와 DeStefano(1973)는 영아가 처음에는 놀잇감 중심으로 상호작용을 시도하다 점차 놀잇감은 매개체가 되고 사람에게 초점을 두고 상호작용한다고 보고하였는데 본 연구에서도 영아들 간 놀잇감을 매개로 한 갈등은 놀잇감 자체보다는 또래에 대한 관심을 표현하는 것이기도 하였다.

일주일 전부터 자동차가 10대 제시되어 영아들은 등원하면서부터 신체 영역 교구장에 나란히 주차된 자동차에 관심이 많다.

종서: (신체영역으로 가서 사다리차를 잡으려 한다.)
정우 : 안 돼! (종서가 잡은 사다리차를 뺏는다.)
종서: (옆에 놓인 포클레인을 든다.)
정우: (두 대의 자동차를 양손으로 밀면서 무릎으로 기어 창의영역으로 이동한다.)

(2005. 7. 26.)

정우는 종서가 잡으려던 사다리차를 빼앗았고 종서는 사다리차 대신 포클레인을 선택하여 놀았다. 정우는 종서로부터 여러 번 놀잇감을 빼앗았고 종서는 정우가 가져가는 놀잇감 대신 다른 놀잇감으로 놀았다. 많은 영아들은 종서처럼 놀잇감으로 인해 갈등상황이 일어날 때 부정적 반응보다 대안적인 방법으로 자신의 놀이를 지속하는 종서와 긍정적인 또래관계를 형성하였다. 특히 정우는 종서와 단짝을 이루어 학급이 바뀔 때까지 오랫동안 함께 놀이하는 놀이친구 관계를 형성하였다.

또래에게 놀잇감을 빼앗기거나 또래로부터 괴롭힘을 당하는 경험이 반복되는 동안 영아들은 다른 아이의 반응을 예측할 수 있게 되었고 이에 따라 또래와 관계를 형성하였다. 한편 특정 영아에게는 또래들이 놀잇감을 빼앗지 않았고 놀이를 방해하지도 않았다.

정우는 종종 또래의 놀잇감을 빼앗고 놀이영역을 훼손시켜서 또래의 즐거운 놀이를 방해하였다. 정우가 놀잇감을 빼앗은 이후의 행동을 보면 놀잇감을 갖고 싶어서라기보다는 또래의 놀이를 중단시키는 것을 즐거워하면서 방해하는 행동을 반복하는 것으로 보였다. 레고 블록으로 만든 자동차를 바닥에 굴리면서 자동차 놀이를 하고 있는 호진이에게 다가가 레고블록을 빼앗고 조금 후 빼앗은 블록을 필요 없다는 듯 바닥에 던지고는 빈손으로 교실을 돌아다녔다.

호진, 호민, 종서는 정우에게 놀잇감을 빼앗겨도 교사에게 도움을 청하거나 울지 않고 놀잇감을 포기하는 경우가 많았다. 대부분 하늘반 영아들은 자신의 놀잇감을 정우가 뺏으려 하면 별로 저항하지 않고 정우에게 건네주듯 주었다. 교사에게 도움을 청할 사이가 없는 짧은 시간 동안 벌어지는 상황이기도 하지만, 한 학기 동안 함께 놀면서 영아들은 정우의 행동을 파악하고 있었다.

호민이나 호진이는 정우가 자신들에게서 놀잇감을 빼앗고는 더 이상 관심을 갖지 않고 놀잇감을 버린다는 것을 알고 정우가 놀잇감을 버릴 때까지 기다렸다가 주워 와 놀기도 하였다. 특히 호진이는 놀이 중에 정우가 일부러 등을 때리거나 팔을 잡아끌어도 잠시 머뭇거리며 멈추어 있을 뿐 교사에게 다가가 도움을 청하거나 울지 않았다.

정우가 또래에게 놀잇감을 빼앗긴 영아들은 울면서 교사에게 다가가 도움을 청했고 교사들은 아이의 속상한 기분을 말로 표현해 주고 빼앗긴 놀잇감을 대체할 수 있는 다른 놀잇감을 제시해 주었다. 결국 놀잇감을 빼앗긴 영아들은 교사가 제시하는 다른 놀잇감을 받아서 다시 놀게 되었고 정우는 자신이 빼앗은 놀잇감을 갖게 되었다. 영아들은 교사에게 다가가 도움을 청하기보다는 교사가 자신들에게 다른 동일한 놀잇감을 찾아 주거나 대체할 수 있는 놀잇감을 찾아 주었던 경험을 반복하면서 스스로 교사가 찾아 주었던 것과 같은 대체할 수 있는 놀이감을 찾았다.

영아들은 놀잇감을 갖기 위한 갈등대상으로서 또래관계를 경험하면서 또래의 행동과 반응을 예측할 수 있었고, 자신의 놀이를 존중하는 또래를 파악하면서 갈등대상으로서의 부정적 관계와 함께 또래에게 수용받고 긍정적 관계를 형성하기 위한 영아의 모습도 알고 있었다.

2. 놀이 대상으로의 또래관계

5, 6월부터 하늘반 영아들은 또래에 대한 관심이 많아지고 또래에게 익숙해졌다. 교실 문을 열고 들어오는 또래에게 영아는 자신이 놀던 놀잇감을 들어 보여 주기도 하고, 자신이 가정에서 가지고 온 것들을 꺼내 자랑하듯 보여 주면서 아침 인사를 대신하였다. 영아들 중 또래의 놀이 활동을 인정해 주고 또래의 놀잇감에 대해 배려하는 영아도 있었지만, 아직은 또래의 놀이를 방해하고 놀잇감을 빼앗으며 신체적인 갈등을 갖는 또래가 많았다. 영아들은 3 - 4개월 동안 한 교실에서 또래와 함께 반복된 경험을 하면서 자신의 놀잇감을 빼앗고 놀이를 방해하거나 자신에게 신체적인 불편을 주는 아이와 부정적인 경험을 반복하면서 또래에 대해 파악하여 특정 영아를 계속 경계하기도 하였다. 또한 자신의 놀이를 방해하지 않는 아이가 누구인지를 알고 즐거운 마음으로 자신의 놀이에 초대하기도 하였다. 특정 또래에게는 놀이영역을 개방하고 친밀한 관계를 형성하였으므로 영아들이 또래관계에 대해 차이가 있음을 뚜렷하게 볼 수 있었다.

교사는 하늘반 교실에서 혼자 놀잇감을 차지하려는 영아에게 또래와 놀잇감을 함께 사용해야 한다는 것을 반복하여 이야기해 주면서 하늘반의 놀잇감에 대한 함께 놀이하는 개념을 알려 주기 위하여 노력하였다.

10명의 영아들이 노는 공간에서 영아들은 자신의 놀이를 방해받지 않으려고 예민한 반응을 보이기도 하였다. 그런데 영아들은 또래마다 다른 반응을 보이면서 경계하는 또래가 있기도 하고 전혀 경계심을 보이지 않으면서 자신의 놀잇감을 만지는 행동까지 허용하는 또래관계도 있었다. 하늘반 영아들은 영서와 종서에게는 허용적인 모습을 보였다. 이들이 노는 곁에 다가와 놀잇감에 관심을 보이거나 호기심을 가지고 만져 보는 것도 거부하지 않았다. 하늘반 영아들이 왜 영서와 종서를 경계하지 않으면서 호의적인 태도를 보이는지 영아들의 놀이상황을 관찰하면서 그 이유를 쉽게 알수 있었다. 이 두 영아는 갖고 싶은 놀잇감이 있어도 다른 또래들의 것을 빼앗는 경우는 거의 없었다. 또한 영아들은 점점 성장하면서 놀잇감을 빼앗긴 이후 교사의 도움을 받았던 경험을 되살려 놀잇감을 빼앗긴 이후 자신의 문제를 스스로 해결하려 하였다. 교사들은 놀잇감으로 인한 갈등이 발생하면 언제든지 대체할 수 있는 놀잇감을 신속하게 찾아 아이들에게 주었다. 놀잇감을 빼앗아 다른 영역으로 빨리 달아난 영이는 빼앗은 놀잇감을 가지고 있었고, 교사는 대체할 수 있는 놀잇감을 찾아 그 자리에 있는 놀잇감을 빼앗긴 영아에게 주었다. 이런 반복적인 경험을 통해 놀잇감을 빼앗긴 영아는 교사가 제시하는 다른 놀잇감을 건네받았고 놀잇감을 빼앗은 영아는 빼앗은 놀잇감으로 놀았다. 놀잇감에 대한 교사의 갈등중재 방법을 경험한 영아들은 스스로 빼앗긴 놀잇감 대신 다른 놀잇감으로 대체하여 놀 수 있었기 때문이었다. 또한 영아는 자신이 갖고자 하는 놀잇감을 갖기 위하여 또래에게 자신이 가지고 있는 놀잇감을 주어 또래들과 놀잇감을 교환하기도 하였다.

유진이는 종서의 손에 든 미니자동차 한 대를 손으로 꽉 쥔다.
종서: (손에 힘을 주고 내주지 않는다.)
유진: (가지고 있던 컵 블록 놀잇감을 종서에게 주면서 쳐다본다.)
종서: (쥐고 있던 미니 자동차를 유진이에게 내준다.)
유진: (컵 블록을 받아 든다.)

(2005. 8. 16.)

이처럼 영아들은 자신이 갖고 싶은 놀잇감을 갖고 있는 또래에게 다가가 자신이 갖고 있는 놀잇감을 내밀면서 교환하자는 의사표현을 하였다. 한두 번의 상황에서 그치지 않고 반복적으로 여러 명의 또래와 놀잇감을 교환하는 모습을 볼 수 있었다.

창의영역에 영서와 성균이가 싱크대에서 과일과 그릇을 수도꼭지 아래 대고 함께 있다.
성균: (영서의 컵을 잡아당긴다.)
영서: 영서 꺼야.
성균: (계속 잡아당겨도 영서가 내주지 않자 자신이 왼손에 들고 컵을 영서에게 내밀면서 오른손으로는 영서의 컵을 더 세게 잡아당긴다.)
영서: (성균이가 내민 컵을 잡으면서 자신이 가지고 있던 컵을 내어 준다.)
성균: (영서에게 빼앗은 컵을 수도꼭지 아래에 대고 손으로 문질러 닦는다.)
영서: (성균이와 바꾼 컵을 닦는다.)

(2005. 8. 26.)

성균이와 영서가 싱크대에서 과일과 그릇을 씻고 있었다. 성균이가 영서의 컵을 잡아당겨 가지려 하자 처음에 영서는 내주지 않았다. 곧이어 성균이가 자신이 들고 있는 컵을 영서에게 내밀자 영서는 성균이가 내민 컵을 받아들고 자신이 들고 있는 컵을 성균이에게 내주며 놀잇감을 교환하였다.

하늘반 영아들은 싱크대 수납장에 자신이 계속 소유하고 싶은 놀잇감을 숨기고 문을 닫았다. 자신이 조금 전 들고 다니던 가방에 넣어 둔 모형과일이나 놀던 소꿉그릇을 얹어 두고 다른 놀잇감으로 놀다가 다른 아이가 자신이 넣어 둔 놀잇감을 만지면 "내 거야."라고 외치며 달려갔다. 그런데 교실 안의 놀잇감을 일단 바구니나 교구장에 정리하면 영아들은 그 놀잇감을 자신의 놀잇감이라고 더 이상 주장하지 않았다. 특히 모든 영아들이 공통적으로 놀잇감을 숨겨 두던 싱크대 아래 선반에는 그릇이나 모형과일 등이 있었는데 아이들은 자기 것이라고 강하게 주장하였다.

영서는 싱크대 수납장에 넣어 둔 그릇과 모형과일을 성균이가 꺼냈지만 자기 것이라고 빼앗으려 하지 않았다. 영서가 얼굴표정조차 변하지 않으면서 자신이 보관한 놀잇감을 성균이가 가져가는 것을 태연하게 보고 있는 이유가 궁금해 연구자가 영서에게 물었다. "영서야! 저 그릇이랑 과일이랑 누구 거야?"라고 묻자 영서는 망설이지 않고 "영서 꺼"라고 대답하였다. 그리고는 연구자의 궁금증을 해결해 주려는 듯 "영서 껀데, 빌려 주는 거야"라고 한 마디 말을 더 보태면서 더 이상 놀잇감에 집착하지 않는 이유를 알려 주었다.

영서가 싱크대에서 설거지를 마치고 모형과일을 닦는다. 허리를 굽혀 싱크대의 문을 열고 과일모형 5개와 컵, 접시, 포크를 넣는다. 잠시 아기인형을 안고 우유를 먹인다.
종서, 정우: (싱크대에서 조금 전 영서가 두었던 과일모형과 컵을 꺼내 탐색책상으로 간다.)
영서: (정우와 종서의 뒷모습을 본다.)
연구자: 영서야! 종서랑 정우가 과일이랑 컵이랑 꺼냈네.
영서: 애
연구자; 과일이랑 컵 누구 거야?
영서: 영서 꺼~
연구자: 영서 건데 정우랑 종서가 다 꺼내 가잖아?
영서: 내가 빌려 주는 거애여.
연구자: 그래도 속상하겠다.
영서: (고개를 좌, 우로 흔든다.)

(2005. 11. 15.)

영아들은 자신이 놀던 놀잇감이 어디에 있는지에 따라 놀잇감의 소유자를 구분하였다. 자신이 놀던 놀잇감이라도 일단 교구장에 정리된 이후에는 하늘반 모든 또래와 함께 사용해야 하는 놀잇감이라고 생각하였고, 자신이 놀고 난 자리에 둔 채 교구장에 정리되지 않았을 때에는 계속 자신의 것으로 인식하였다. 다른 놀잇감으로 놀면서도 이전에 놀던 놀잇감이 교구장에 정리되어 있지 않으면 계속 자신의 놀잇감으로 인식하고 있어 놀잇감으로 인한 갈등이 더 빈번하게 발생하였다. 영아들의 놀잇감 소유에 대한 이러한 인식을 파악한 교사들은 영아가 다양한 놀잇감을 함께 나누어 놀면서 갈등 관계를 최소화하기 위하여 수시로 놀잇감을 교구장에 정리하였다. 영아들은 자신이 놀이하던 놀잇감이 일단 교구장에 정리된 뒤에는 자신의 놀잇감이 아닌 하늘반 모든 영아들이 함께 사용하는 놀잇감이라고 생각하는 것을 볼 수 있었다. Marilyn과 Adock(1985)은 2세 영아는 또래와 함께 놀면서도 놀잇감은 공유하지 않고 자신의 놀잇감으로 생각한다고 했다. 이 시기 영아는 또래와 함께 놀잇감을 나누어 써야 한다고 배우기는 하지만 실제 소유에 대한 욕구가 증가하는 것은 당연하다. 그렇지만 영서를 비롯한 하늘반 영아들은 또래들과 놀잇감을 함께 사용하는 어린이집에서 교구장에 있는 놀잇감을 함께 나누어 놀이하는 것에 대한 경험을 통해 자신만의 놀잇감이 아닌 함께 놀이하는 놀잇감이어야 한다고 조금씩 의식하기 시작하였다. 물론 이러한 영아들의 의식은 한 해 동안 교사의 긍정적이고 따뜻한 중재에 의해 겨울 무렵에서부터 조금씩 보였다.

영서는 자신이 싱크대 선반에 보관한 놀잇감을 또래에게 빌려준다는 개념을 배우면서 또래와의 놀잇감 갈등 상황을 극복하고 또래와 놀잇감을 공유하는 관계를 형성할 수 있었다. 그럼에도 불구하고 영서는 하늘반의 교구장에 제시된 놀잇감과는 다르게, 자신이 집에서 가져 온 그림책은 겨울 무렵이 훨씬 지나서야 또래들이 함께 보아도 된다고 허락하였다. 학기 초에는 또래들이 자신의 그림책을 만지는 것조차 허용하지 않았다. 또래들이 처음 보는 영서의 그림책에 관심을 갖고 손대려 하면 책을 가슴에 안고 다른 아이가 만지는 것조차 거부하는 몸짓을 보였지만 겨울이 지나면서부터는 자신의 그림책도 하늘반의 그림책처럼 또래와 함께 보았다.

여름 즈음 유진이는 원하는 놀잇감을 다른 아이가 갖고 있을 때 이를 다른 놀잇감과 맞바꾸려는 의도를 보이기 시작하였다. 종서는 자신이 놀던 놀잇감을 다른 아이가 갖고 싶어 하면 다투기보다는 그 놀잇감을 갖고 싶은 또래에게 주고는 대신 또래가 건네는 놀잇감을 받아 놀았다.

종서와 영서는 다른 영아들에게 놀잇감을 빼앗기거나 신체적으로 부딪침이 있을 때 교사에게 도움을 받는 수단으로 울지 않았다. 또한 교사에게 다가가 자신의 놀잇감을 빼앗은 또래를 알리고 교사의 도움으로 놀잇감을 돌려받는 경우도 거의 없었다. 주변에서 유사한 놀잇감을 찾아 대체하거나 또래에게 놀잇감을 빌려 주는 것이라고 생각함으로써 또래관계를 우호적으로 유지할 수 있었다. 영서는 또래가 가져간 놀잇감을 자신이 빌려 준거라고 생각하고 종서는 또래가 내미는 다른 놀잇감과 바꾸거나 빼앗긴 놀잇감을 대체할 수 있는 놀잇감을 찾아 스스로 문제를 해결한 후 하던 놀이를 계속하였다.

자신의 요구를 많이 표현하는 유진이나 정우에게 종서는 특히 환영받는 또래였다. 유진이는 자신이 노는 동안 또래들이 자신의 놀잇감을 보는 것조차도 싫어하면서 낮은 음성으로 거부 의사를 짜증스럽게 "이이야, 으응 아이야" 하고 말하곤 하는데 유일하게 종서가 곁에 있는 것은 거부하지 않고 허용하였다. 놀면서 종서는 놀잇감을 빼앗거나 하던 놀이를 방해하는 경우가 없다는 것을 알게 되었기 때문이다. 종서와 놀다가 유진이보다 먼저 종서가 놀잇감을 잡아도 유진이가 갖고 싶어 잡으려 하면 종서는 그 놀잇감을 내어 준다. 또한 또래의 구성물을 망가뜨리거나 신체적인 힘을 이용해서 또래와 부정적인 관계를 형성하는 일은 거의 없었다.

노는 동안 이런 종서의 행동을 이미 알고 있던 또래들은 종서와 친밀한 관계를 형성하고 종서가 다가가도 경계심을 보이지 않았다. 정우가 종서를 밀어도 소리 내지 않고 손을 잡자면 손을 잡고 정우가 이끄는 대로 돌아다녔다. 정우가 잡았던 손을 풀어 주면 구슬 꿰기 바구니를 들고 탐색영역 책상으로 가서 구슬 꿰기 놀이를 하였다.

　종서가 큰소리로 울거나 웃지는 않았지만, 잠시 스치듯 얼굴에 만족한 웃음을 보이거나 양미간을 찡그리면서 인상을 쓰는 등 격렬하지 않은 방법으로 자신의 감정을 표현하였다. 10명의 영아들이 함께 노는 공간에서는 일단 큰소리로 자신의 감정을 표현하는 영아들에게 교사가 다가가 도움을 주기 때문에 큰소리를 내지 않는 영아는 눈에 띄지 않을 때가 많았다. 2세 미만의 영아들이 사회적으로 상호교환이 가능해지는 것은 단순히 성숙에 의한 것이 아니라 관계에 대한 어떤 상호규칙을 획득하는 것과 연관되기 때문이다(Becker, 1977; Muller & Brenner, 1977; Holmberg, 1980). 이처럼 영아들이 인생 초기에 또래와 관계를 형성하는 것은, 성숙에 의해서라기보다는 항상 많은 시간 동안 또래와 상호작용하는 생활패턴의 변화에 의해 이루어졌다. 또래와 관계 형성을 잘하는 것이야말로 보육시설에서 지내고 있는 영아에게 중요한 과제이다. 자발적이고 수평적인 또래와의 관계를 형성하는 경험을 통해 성공적인 사회적 기술을 훈련하고 자아개념의 발달을 할 수 있기 때문이다.

VI
논의 및 결론

요 약

어린이집에서 생활하는 영아들은 보육교사와 또래라는 중요한 인적 구성원과 관계를 맺으며 놀이하는 가운데 대부분의 시간을 보낸다. 놀이, 특히 교사 및 또래와 함께 경험하는 놀이상황은 이들 영아의 발달을 이루는 중요한 장이다. 본 연구는 이러한 점을 배경으로 놀이 맥락에서 교사, 또래와의 관계가 어떻게 형성되는가에 초점을 두고 출발하였다.

본 연구의 목적은 어린이집 1세 영아반 일과 중 상호작용이 가장 원활하게 일어나는 자유놀이 시간 동안 영아가 교사 및 또래와 어떻게 관계를 형성하는지를 알아보는 것이었다.

본 연구를 위하여 연구자는 C어린이집 1세반에서 만 1세 영아 10명과 교사 2명을 연구 참여자로 선정하고 영아들이 어린이집에 입소한 2005년 3월부터 2006년 2월까지 1년간 자유놀이 시간 동안 참여 관찰하면서 영아의 교사 및 또래와의 관계 형성과 변화를 이해하고자 하였다. 이런 목적을 가지고 다음과 같이 연구문제를 선정하였다.

첫째, 놀이상황에서 영아와 교사와의 관계는 어떻게 형성되며 그 의미는 무엇인가?
둘째, 놀이상황에서 영아와 또래와의 관계는 어떻게 형성되며 그 의미는 무엇인가?

이러한 연구문제에 관해 연구자가 관찰 분석한 바에 따르면 1세 반 영아들의 교사 및 또래와의 관계 형성은 다음과 같은 양상이 특징적으로 나타났다.

첫째, 놀이상황에서의 영아와 교사 간의 관계는 주로 '정서적 교감을 통한 이해와 표현' '영아의 발달적 특성을 반영한 반응' 등이 영아와 교사 간의 긍정적인 관계를 유지하는 데 가장 주된 요인인 것으로 나타났다.

놀이상황에서 영아와 교사와의 관계에서 가장 부각되는 것은 '정서적 교감을 통한 이해와 표현과정'이었다. 이러한 결과는 주로 1세 영아반에서의 교사의 역할이 주로 영아의 일상생활에서의 기본적 요구에 민감하게 반응하는 양육자로서의 역할이 큰 비중을 차지한다면 본 연구에서는 놀이상황에서의 교사와의 관계를 중심으로 관찰하였기 때문에 '영아와 교사 간의 정서적인 교감'이 놀이상황에서 영아와 교사 간의 관계에 긍정적인 영향을 미치는 주요 요인으로 관찰되었다.

'영아와 교사 간의 정서적인 교감'은 영아의 몸짓과 행동에서 영아의 요구를 민감하게 이해해 주는 교사가 가까이 있을 때 가능하였으며 이러한 교감을 통하여 정서적인 안점감과 함께 상호 관계가 지속될 수 있었다. 1세 영아의 경우, 자신의 요구를 언어로 표현하는 데 미숙하기 때문에 몸짓이나 표정 등을 통하여 영아의 요구를 민감하게 관찰하고 이를 표현해 주는 것이 정서적인 안정감과 함께 놀이를 지속하게 하는 주요한 요인이 됨을 관찰을 통하여 분석할 수 있었다. 교사는 영아가 보내는 각종 신호와 단서를 민감하고 빠르게 파악할 뿐만 아니라 이를 언어나 몸짓 등을 통하여 영아에게 표현해 줌으로서 정서적인 교감상태를 가질 때 가장 바람직한 관계가 지속될 수 있었다.

교사와의 정서적 교감은 관심과 애정을 받고 싶어 하는 영아에게 온정과 관심 어린 신체적인 접촉이 제공할 때 효과가 있었다. 어린 영아에게 교사로부터의 관심과 애정을 확인하는 가장 효과적인 전달방법은 신체적 접촉이었다. 신체적인 접촉을 통한 관심과 애정의 확인은 가정에서 부모로부터 받은 따듯한 경험과 연결되어 정서적인 안정감을 느끼게 하고 이를 바탕으로 놀이 활동을 지속하게 하는 주요 요인이 됨을 관찰할 수 있었다.

영아와 교사 간의 정서적 교감은 영아가 휴식과 위로를 받고 싶을 때 안아 주거나 다독거려 주는 등 신체적인 접촉을 통하여 긍정적인 상호 관계를 갖게 하였다. 영아들은 몸이 아플 때, 또래로부터 놀잇감을 빼앗기거나 좌절했을 때 교사에게 다가가서 휴식을 취하고 위로를 받고자 하였다. 영아들의 경우, 피로가 누적되고 놀잇감을 빼앗기거나 놀이에서 좌절을 경험할 때 교사에게 다가가 무릎 위에 앉거나 품 안에 안기는 등, 신체적 접촉을 통하여 휴식과 위로를 받고자 하였다. 이러한 과정을 통하여 놀이상황에서의 피로감이나 갈등상황에서 항상 교사는 휴식과 위로를 구하는 대상이 되었으며 이를 통하여 다시 안정감을 갖는 것을 볼 수 있었다.

놀이상황에서 '정서적 교감'을 통한 상호 관계와 함께 '영아의 발달적 요구에 대한 적절한 반응'은 1세반 영아와 교사 간의 긍정적인 관계를 가지게 하는 주요 요인으로 관찰되었다. 이 시기 영아들은 걷기가 완성되면서 움직임이 많은 신체적 활동을 즐겨 하였으며, 교사는 이러한 놀이를 지원하기 위한 환경과 자료를 제공할 뿐만 아니라 함께 놀이대상이 되기도 하였다. 즉 1세 영아의 발달적 특징인 움직임이 많은 신체적 활동을 할 수 있도록 환경적인 지원을 제공함은 물론 교사가 함께 영아들과 걷고, 뛰고, 춤추는 등 놀이친구로서의 역할을 수행하기도 하였다. 영아반 교사는 영아에게 일상적인 생활을 돕는 양육자로서의 역할은 물론 영아와 함께 노래 부르고 춤을 추고, 놀면서 놀이친구로서의 영아와의 수평적인 관계를 형성하는 것을 볼 수 있었다.

영아반 교사는 영아와의 관계에서 1세 영아들이 가지고 있는 전반적인 발달특징과 함께 개인차를 고려하여 상호작용을 하는 것으로 관찰되었다. 1세반 내에서도 월령차이가 10개월 정도 있을 수 있으며, 유사한 월령의 영아일지라도 개별 영아마다 발달정도에 차이가 있을 수 있기 때문에 각 영아에 대한 개인차를 고려하는 것은 매우 중요하다. 본 연구에서도 교사는 지속적이고 민감한 관찰을 토대로 언어적 단서를 통한 놀이의 확장이나 격려, 이전 놀이

경험과 이후 놀이경험의 지속 등 개별 영아의 개인차를 반영하여 놀이 활동을 지원하였다.

영아의 '발달적 요구에 기초한 관계 형성하기'에서 교실 상황에서 벌어지는 여러 가지 변화도 교사가 영아와의 관계에서 고려하는 요인으로 관찰되었다. 새로운 놀잇감이나 활동을 소개하는 상황, 또래 간에 갈등이 유발된 상황, 신나게 놀이가 지속되는 상황 등은 교사와 영아와의 관계를 각각 다르게 형성하게 하는 요인으로 분석되었다. 끊임없이 변화하는 영아의 신체적·정서적 상황은 물론 영아가 놀이하는 이전·후 맥락을 고려하는 것, 영아의 놀이에 대한 상황적 맥락에 알맞게 반응하고 지원하는 등 '상황적 맥락'은 교사와 영아와의 관계를 형성하는 데 영향을 미치는 요인이라고 볼 수 있다.

둘째, 연구문제인 놀이상황에서 영아와 또래와의 관계는 어떻게 형성되며 그 의미는 무엇인가에 대한 관찰결과 및 분석 내용은 다음과 같다. 영아와 또래와의 관계는 또래에 대한 관심과 상호작용을 통한 관계와 놀잇감을 매개로 형성되는 또래관계로 구분하여 분석하였다.

영아와 또래에 대한 관심 및 상호작용을 통한 관계 형성하기는 관심대상으로서의 또래관계 형성하기, 또래와 눈빛, 몸짓을 이해하며 또래관계 형성하기, 놀이 친구로서 또래관계 형성하기 등 세 가지로 구분하여 각각의 특징을 관찰결과를 중심으로 살펴보았다.

또래와의 관계는 특히 학기 초 적응과정을 거치면서 점진적으로 변화하는 등 기관에의 적응도, 또래와의 친숙도 등에 따라 점차 변화되는 것으로 볼 수 있다. 영아와 또래와의 관계는 실제적인 놀이 활동을 함께 참여하거나, 놀잇감을 공유하는 것에 앞서서, 일정한 거리에서 놀이를 하는 모습이나 대상을 관심 있게 쳐다보는 등 '관심의 대상'으로서의 관계가 학기 초에 가장 많이 관찰되었다.

'관심의 대상'으로서의 또래와의 관계는 이어 서로 마주보고 눈빛, 몸짓을 이해하고 서로 일정한 거리에서 상호작용하는 형태의 교류를 갖게 되는 것으로 변화한다. 이 시기 영아는 자신의 요구나 의사를 언어로 표시할 수는 없지만 또래와 손을 잡거나 눈짓과 몸짓을 주고받으며 서로에 대한 관심을 구체적으로 표현하고 교류하는 모습을 보인다.

'관심의 대상'으로서의 또래와의 관계는 이어 실제적인 놀이친구로서의 또래관계를 형성한다. 놀잇감을 가지고 함께 만지고, 탐색하는 모습을 볼 수 있으며, 단순한 규칙에 따라 교대로 순서를 지켜가면서 놀이를 하는 모습 등 놀이친구로서의 또래관계를 형성하였다.

놀잇감은 이 시기 영아의 또래관계에 있어서 부정적, 긍정적인 역할을 동시에 하는 매개물이며 본 연구에서도 이러한 모습이 모두 관찰되었다. 따라서 놀잇감이 갈등대상으로서의 또래관계와 놀이대상으로서의 또래관계에 모두 영향을 미치는 것으로 볼 수 있어 각각에 대하여 분석하였다. 놀잇감으로 인한 또래와의 갈등상황은 주로 학기 초에 보다 자주 발생하지만 지속적으로도 이러한 놀잇감으로 인한 갈등은 계속 일어난다. 또래가 가지고 있는 놀잇감을 빼앗는 행동, 빼앗기면서 교사에게 울면서 도움을 요청하는 행동, 또래를 때리는 행동 등이 부정적인 또래관계를 형성하게 된다. 그러나 놀잇감에 대한 소유욕으로 인하여 갈등대상으로서의 또래관계와 함께 점차 놀잇감을 가지고 함께 놀면서 느끼는 즐거움을 경험하게 되며 이러한 경험은 또래와의 긍정적인 관계에 영향을 미치게 된다. 영아와 또래와의 관계에 있어서 놀잇감은 함께 놀이를 하는 데 중요한 매개체가 되는데, 놀잇감을 또래에게 보여 주는 행동, 놀잇감을 가지고 놀고 있는 친구를 관심 있게 쳐다보는 행동, 놀잇감을 가져다주는 행동, 교환하는 모습 등이 관찰되었다. 학기 초에 비하여 학급에서의 적응도 및 또래와의 친숙도가 높아지면서 놀잇감을 가지고 또래와 함께 노는 모습이 점차 증가하였다.

B 논 의

본 연구의 결과에 대한 논의를 연구문제를 중심으로 기술하면 다음과 같다.

첫째, 놀이상황에서의 영아와 교사 간의 관계는 주로 '정서적 교감을 통한 이해와 표현'이 영아와 교사 간의 긍정적인 관계를 유지하는 데 가장 주된 요인인 것으로 나타났다. 이러한 결과는 주로 1세 영아반에서의 교사의 역할이 주로 영아의 일상생활에서의 기본적 요구에 민감하게 반응하는 양육자로서의 역할이 큰 비중을 차지한다면 본 연구에서는 놀이상황에서의 교사와의 관계를 중심으로 관찰하였기 때문에 '영아와 교사 간의 정서적인 교감'이 놀이상황에서 영아와 교사 간의 관계에 긍정적인 영향을 미치는 주요 요인으로 관찰되었다. 인간은 태어나서면서부터 타인과 상호작용하려는 호혜적 동조성(interactional synchrony)(Bower, 1980)을 가지고 있으며 특히 본 연구에서는 '정서적 동조성'의 중요성을 제기하게 된다. '영아와 교사 간의 정서적인 교감'은 영아의 몸짓과 행동에서 영아의 요구를 민감하게 이해해 주는 교사가 가까이 있을 때 가능하였으며 이러한 교감을 통하여 정서적인 안점감과 함께 상호 관계가 지속될 수 있었다.

1세 영아의 경우, 자신의 요구를 언어로 표현하는 데 미숙하기 때문에 몸짓이나 표정 등을 통하여 영아의 요구를 민감하게 관찰하고 이를 표현해 주는 것이 정서적인 안정감과 함께 놀이를 지속하게 하는 주요한 요인이 된다. 영아의 애착발달 및 정서적 요구에 대한 일련의 연구들(Cathryn L. Kelly, Susan J. Spieker & Tracy G. Zuckerman, 2003; Howes, 1999)은 영아와 보육교사 간 애착 행동이 영아와 어머니의 애착형성과 유사하게 형성된다고 보고한 바 있다. 안정된 애착형성은 이후 인성발달에 영향을 준다는 연구결과들이 시사하는 바와 같이 본 연구 결과를 통하여 놀이상황에서의 영아와 교사 간의 관계를 형성하는 과정에서 가장 중요한 요인으로 제기된 '정서적 교감의 중요성'은 교사와의 관계뿐 아니라 더 나아가서 영아의 전인적인 발달에 영향을 미칠 수 있다고 볼 수 있다.

둘째, 놀이상황에서의 교사와 영아 간 관계에 가장 중요한 요인이 '정서적 교감'이라면 정서적 교감을 가장 효과적으로 전달하는 방법은 '신체적인 접촉'으로 나타났다. 관심과 애정의 요구에 대한 정서적 교감, 휴식과 위로의 요구에 대한 정서적 교감은 교사의 무릎 위에 앉거나 품 안에 안기는 등, 신체적 접촉을 통하여 전달되고 이를 통하여 다시 안정감을 갖는 것을 볼 수 있었다. 영아가 기관에 들어간 이후 유일하게 의존할 수 있는 성인은 교사로서, 영아가 교사에게 쉽게 다가가 도움을 청할 수 있는 교사와의 친밀한 정서적 관계의 형성은 학기 초 교사가 영아에게 관심과 애정을 가지고 영아의 몸짓과 행동을 이해해 주고 신체적 접촉을 통하여 정서적 교감을 구체적으로 느낄 수 있게 도와줄 필요가 있다. 본 연구의 참여 영아 역시 지속적으로 신체·정서적 돌보기를 반복하여 제공하면서 교사와의 애착이 형성된다고 한 연구결과(Howes, 1999)처럼 교사에게 관심과 애정을 받고 적절한 도움을 받으면서 교사와 친밀한 관계를 형성하였다. 영아는 자신의 정서 상태를 이해하고 언어로 표현해 주는 교사를 통하여 정서적인 안정감과 신뢰감을 느끼고 안도감을 갖게 된다. Keenan(1998)은 영아 교사는 영아와의 상호작용에서 비언어적인 의사소통을 해석하고 반응하는 능력을 갖는 것이 중요하다고 언급한 바와 같이 영아반 교사가 영아의 다양한 비언어적인 의사소통 방법을 이해하는 것은 중요하다. 본 연구에서 영아가 느끼는 정서적 요구에 대하여 교사로부터의 공감과 배려를 받으면서 영아는 교사에게 의존하고 교사를 신뢰하는 것을 관찰할 수 있었다. 영아의 정서적 요구에 민감하게 반응하고 영아와 원활한 의사소통을 위하여 무엇보다 먼저 선행되어야 할 것은 지속적인 관찰과정이 있어야 한다는 것이다.

영아의 몸짓과 행동을 이해하기 위해 교사는 영아의 어린이집 생활은 물론, 가정생활까지 영아의 전반적인 생활 모두를 이해하고 있을 때 영아의 요구를 이해하고 이를 적절하게 표현해 줄 수 있다. 특히 교사는 적응 프로그램이 끝난 이후 부모와 헤어질 때 많이 힘들어하는 영아에게 집중하여 관심과 주의를 기울이면서 개별 영아를 관찰할 수 있는 기회를 많이 갖게 된다. 영아 또한 교사와 함께 개별적으로 놀면서 계속 자신에게 집중하여 관심을 기울이고 주의를 기울이는 교사에게 쉽게 다가가고 교사와의 친밀한 관계를 형성하게 된다. 교사는 초기 적응 프로그램을 실시하는 과정에서 등원하기 힘들어하고 부모와의 격리과정에서 어려움을 겪었던 영아들과는 개별적인 상호작용을 많이 하게 됨에 따라 영아의 신호에 민감하고 신속하게 반응하지만 적응과정이 용이했던 영아의 경우는 오히려 개별적인 관심의 대상이 상대적으로 되지 못하고 교사와 긴밀한 관계를 형성할 기회를 많이 갖지 못하면서 교사의 정서적 지원이 적은 경우도 관찰되었다. 이러한 관찰내용은 영아가 교사에게 관심과 애정을 받고, 놀이에 대한 흥미와 확장의 기회를 제공받을 수 있을 때, 영아 역시 교사의 눈빛, 몸짓, 행동을 관찰하고 민감하게 반응하면서 교사가 제공하는 정서적, 발달적 지원을 최대한 받아들이는 능동적 존재로서 교사와 친밀한 관계를 형성할 수 있다는 점에서 시사해 주는 바가 크다. 즉 영아와 교사와의 관계가 일방적인 것이 아니라 양방향적인 맥락에서 살펴볼 필요가 있다.

영아반 교사는 영아와의 관계에서 1세 영아들이 가지고 있는 전반적인 발달특징과 함께 개인차를 고려하여 상호작용을 하는 것으로 관찰되었다. 영아기부터 나타나는 개인차는 이후의 사회적 유능감과 심리적 적응을 예언한다(Coie, Terry, Lenox, & Lochman, 1995). 이러한 의미에서 본다면 본 연구에서도 교사는 지속적이고 민감한 관찰을 토대로 언어적 단서를 통한 놀이의 확장이나 이전 놀이경험과 이후 놀이경험의 지속 등 개별 영아의 개인차를 반영하여 놀이 활동을 지원하였다. 영아의 '발달적 요구에 기초한 관계 형성하기'에서 교실 상황에서 벌어지는 여러 가지 변화도 교사가 영아와의 관계에서 고려하는 요인으로 관찰되었다. 새로운 놀잇감이나 활동을 소개하는 상황, 또래 간에 갈등이 유발된 상황, 신나게 놀이가 지속되는 상황 등은 교사와 영아와의 관계를 각각 다르게 형성하게 하는 요인으로 분석되었다. 끊임없이 변화하는 영아의 신체적·정서적 상황은 물론 영아가 놀이하는 이전·후 맥락을 고려하는 것, 영아의 놀이에 대한 상황적 맥락에 알맞게 반응하고 지원하는 등 '상황적 맥락'은 교사와 영아와의 관계를 형성하는 데 영향을 미치는 요인이라고 볼 수 있다.

셋째, 영아와 또래에 대한 관심 및 상호작용을 통한 관계 형성하기는 관심대상으로서의 또래관계 형성하기, 또래와 눈빛, 몸짓을 이해하며 또래관계 형성하기, 놀이 친구로서 또래관계 형성하기 등 세 가지로 구분하여 연구결과를 중심으로 논의하고자 한다.

또래와의 관계는 실제적인 놀이 활동을 함께 참여하거나, 놀잇감을 공유하는 것에 앞서서, 일정한 거리에서 놀이를 하는 모습이나 대상을 관심 있게 쳐다보는 등 '관심의 대상'으로서의 관계가 학기 초에 가장 많이 관찰되었다. 영아들이 서로 응시하고, 웃고, 소리를 내는 등의 사회적 관심을 표시하는 것은 생후 1년 이내의 아주 어린 시기부터 관찰되었다(Eckerman, 1979; Hay, Pederson, & Nash, 1982, Vandell, Wilson, & Buchanan, 1980). 영아들의 또래 상호작용은 또래와의 경험여부, 친숙도, 어머니의 존재여부, 놀잇감의 존재여부 등에 따라 영향을 받는다(Field, 1990, 박성연, 이영, 역 1997)는 점에서 관심의 대상으로서 또래를 쳐다보는 행동은 낯선 환경, 또래와의 낮은 친숙도 등에서 점차 낯을 익히는 과정이라고 볼 수 있으며, 놀이 대상으로의 전이과정이라고 해석할 수 있다.

'관심의 대상'으로서의 또래와의 관계는 점차 또래와 눈짓과 몸짓을 주고받으며 서로에 대한 관심을 구체적으로 표현하고 교류하는 모습으로 변화하였다. 이러한 변화는 2세까지의 영아 또래관계에 대한 연구(Mueller & Lucas, 1975)에서의 단순 상호작용 단계(simple interactive stage)와 유사한 단계로 볼 수 있다. 즉 영아들이 또래의 행동에 더 반응적이고 가끔 다른 영아의 행동을 규제하려고 시도하는 등 상호 행동에 민감한 반응 및 시도를 하는 단계이다. 영아기 또래관계는 사회적 교류를 위한 언어나 사회적 기술이 아직 미숙한 단계이지만 본 연구결과에서 나타난 것과 같이 유심히 관찰해 보면 서로 적극적인 관심의 대상으로 교류하고 있는 것을 알 수 있다. 즉 관심이 없는 것이 아니라 관심을 표현하는 수단이 다르기 때문이라고 해석할 수 있다. 걸음마기 영아의 놀이를 관찰한 연구에서 교사와의 상호작용보다 또래와의 상호작용을 하며 보내는 시간이 점차 길어진다는 보고(이순형, 김정연, 1997)는 영아기 또래 간 상호작용을 보다 효과적으로 지원할 필요성을 갖게 한다. 영아는 또래와의 성공적인 관계 형성을 통해 긍정적인 경험을 하기도 하였지만 또래로부터 관심을 받지 못하고 함께 놀이에 참여하지 못하는 부정적인 경험을 반복하는 영아도 있었다. 보육시설에서 또래들과의 놀이경험이 많았던 영아들이 이후 사회적 유능감이 높으며 협동적이고 또래 지향적이었고, 영아의 사회적 능력에 긍정적인 영향을 미친다고 보고한 연구 결과(Aureli & Procacci, 1992; Howes & Hamilton, 1993; Harper & Huie, 1985; Hoffman, 1984)는 또래관계의 중요성을 강조하고 있다. 본 연구 결과를 통해서 동일한 보육시설에서 보육을 경험한 영아라 할지라도 모든 영아에게 보육의 효과가 동일하다고 볼 수 없다고 본다. 본 연구에서는 만 1세 10명의 영아가 생활하는 동질의 학급 내에서도 영아와 또래와의 관계는 다양하게 형성되었다. 이는 영아가 또래와 관계를 형성하는 데 영향을 미치는 요인으로서 영아의 기질, 어머니나 교사의 존재 여부, 또래와의 이전 경험 여부, 친숙도의 정도, 흥미 있는 놀잇감 등 다양한 요인에 의하여 영향을 받는다(Field, 1990, 박성연, 이영, 역 1997)는 연구에서 제시한 바와 같이 영아마다 개별적인 차이가 크게 나타났다. 특히 영아의 다양한 개별적인 요인을 통제할 수 없는 교실 상황에서 보육교사의 지원에 의한 영아의 또래관계 형성은 매우 중요한 의미를 갖는다. Greenberg(2000)는 교사가 영아들의 또래 간 상호작용을 격려해야 한다고 했으며 보육교사는 또래와의 상호작용에 능동적으로 참여하기 때문에 보육교사의 지지를 받는 영아는 또래와 상호작용하는 데에도 별 어려움이 없다고 한 연구결과(Howes, 1994) 등은 영아의 또래관계 형성에서의 교사의 역할이 갖는 중요성을 제기하고 있다.

놀잇감은 이 시기 영아의 또래관계에 있어서 부정적, 긍정적인 역할을 동시에 하는 매개물이며 본 연구에서도 이러한 모습이 모두 관찰되었다. 학기 초 영아들은 또래보다는 또래가 가지고 있는 놀잇감에서 나는 소리나 움직임 등에 더 많은 관심을 보였다. 이러한 모습은 영아 또래관계는 주로 놀잇감과 관련(object focused)되어 많이 일어난다는 연구결과(Brownell & Brown, 1992), 또래와의 사회적 상호작용이 주로 물건의 소유와 함께 나타난다는 연구결과(Homberg, 1980)와 같은 맥락에서 살펴볼 수 있다. 일정한 공간 안에서 또래들과 함께 많은 시간을 보내면서 영아들은 점차 놀잇감에 대한 매력과 호기심을 통하여 또래에 대한 관심을 보였다. Levitt와 동료들(1985)의 연구에 의하면 29－36개월 된 영아는 어머니의 개입 없이는 또래에게 자신의 놀잇감을 나누어 주지 않는다고 보고하였으나 본 연구에서는 또래 간에 흥미 있는 놀잇감을 함께 가지고 놀이를 하는 모습도 자주 관찰되었다. 이 시기 영아의 놀잇감 소유 욕구가 증가하는 것은 보편적인 모습이지만 교사의 긍정적이고 따뜻한 사회적 상호작용과 갈등중재의 경험을 통해 영아들은 또래와 함께 놀잇감을 공유하거나 주기도 하는 등 놀잇감을 매개로 한 놀이가 지속되기도 한다.

또래관계는 상호성과 동등성에 기초한 인간관계로서 이후 자율적인 도덕성 발달을 돕는다. Bukiwski와 Hoza(1989)는 또래관계는 성공적인 사회적 상호작용을 위해 기본적으로 요구되는 사회적 기술을 훈련시키며, 사회적 지원과 안전감을 느끼게 하고, 또래와의 사회관계 내에서 긍정적 자아개념을 가질 수 있다고 하였다. 특히, 부모나 성인과의 관계와는 근본적으로 다른 자발적이고, 수평적인 관계로서 구분될 수 있고, 사회성 발달에 중요한 역할을 담당한다는 점에서 또래관계의 중요성이 부각되고 있다.

어린 나이에 조직화된 또래 집단 속에 참여하는 영아들이 증가하는 시점에서 1세반 영아들이 또래관계를 형성해 나가는 과정을

살펴본 것은 의미가 있다고 보며 이에 대한 보다 지속적인 심층적
연구가 필요하다고 본다.

C 결 론

본 연구의 결과를 정리하면 다음과 같다.

첫째, 놀이상황에서의 영아와 교사 간의 관계는 주로 '정서적 교
감을 통한 이해와 표현', '영아의 발달적 특성을 반영한 반응' 등
이 영아와 교사 간의 긍정적인 관계를 유지하는 데 가장 주된 요
인인 것으로 나타났다.

둘째, 놀이상황에서 영아와 교사와의 관계에서 가장 부각되는 것
은 '정서적 교감을 통한 이해와 표현과정'이었다. '영아와 교사 간의
정서적인 교감'은 영아의 몸짓과 행동에서 영아의 요구를 민감하게
이해해 주는 교사가 가까이 있을 때 가능하였으며 이러한 교감을
통하여 정서적인 안점감과 함께 상호 관계가 지속될 수 있었다.

셋째, 교사와의 정서적 교감은 관심과 애정을 받고 싶어 하는
영아에게 온정과 관심 어린 신체적인 접촉이 제공할 때 효과가 있
었다. 어린 영아에게 교사로부터의 관심과 애정을 확인하는 가장
효과적인 전달방법은 신체적 접촉이었다.

넷째, 놀이상황에서 '정서적 교감'을 통한 상호 관계와 함께 '영
아의 발달적 요구에 대한 적절한 반응'은 1세반 영아와 교사 간의

긍정적인 관계를 가지게 하는 주요 요인으로 관찰되었다.

다섯째, 영아반 교사는 영아와의 관계에서 1세 영아들이 가지고 있는 전반적인 발달특징과 함께 개인차를 고려하여 상호작용을 하였다.

여섯째, 영아의 '발달적 요구에 기초한 관계 형성하기'에서 교실 상황에서 벌어지는 여러 가지 변화도 교사가 영아와의 관계에서 고려하는 요인으로 관찰되었다. 영아의 놀이에 대한 상황적 맥락에 알맞게 반응하고 지원하는 등 '상황적 맥락'은 교사와 영아와의 관계를 형성하는 데 영향을 미치는 요인이라고 볼 수 있다.

일곱째, 영아와 또래와의 관계는 일정한 거리에서 놀이를 하는 모습이나 대상을 관심 있게 쳐다보는 등 '관심의 대상'으로서의 관계가 학기 초에 가장 많이 관찰되었다.

여덟째, '관심의 대상'으로서의 또래와의 관계는 이어 서로 마주 보고 눈빛, 몸짓을 이해하고 서로 일정한 거리에서 상호작용하는 형태의 교류를 갖게 되는 것으로 변화하였다.

아홉째, 실제적인 놀이친구로서의 또래관계는 놀잇감을 가지고 함께 만지고, 탐색하는 모습, 단순한 규칙에 따라 교대로 순서를 지켜가면서 놀이를 하는 모습 등 놀이친구로서의 또래관계를 형성하였다.

열째, 놀잇감은 이 시기 영아의 또래관계에 있어서 부정적, 긍정적인 역할을 동시에 하는 매개물이며 본 연구에서도 이러한 모습이 모두 관찰되었다.

강상희(1990). 걸음마기 유아의 성별인식과 또래선택에 관한 연구. 덕성여자대학교 대학원 석사학위 청구논문.

강진아(1998). 탁아기관의 질과 영아의 탐색/놀이 행동과의 관계: 물리적 환경의 영향을 중심으로. 덕성여자대학교 석사학위 청구논문.

교육인적자원부(2003). **영유아 교육과 보육 발전 방안**. 서울: 교육인적자원부.

구수연(1995). 2세아의 의사소통에 관한 연구. 중앙대학교 대학원 석사학위 청구논문.

구수연(2004). 영아의 어린이집 적응과정에 관한 연구. 중앙대학교 대학원 박사학위 청구논문.

구현아, 이종희(1998). 3, 4, 5세 유아의 구성놀이 발달에 관한 연구: 놀이의 질에 대한 분석. **아동학회지, 19(1)**, 155 – 167.

권혜진(1996). 보육시설 집단 크기에 따른 영아의 또래 및 보육교사와의 상호작용. 서울대학교 대학원 석사학위 청구논문.

김명준, 성지현(2002). 1세 영아와 놀이의 관계. **아동학회지, 23(5)**. 19 – 34.

김명희(2000). 영아의 정서표현에 따른 교사의 언어적 반응. 덕성여자대학교 교육대학원 석사학위 청구논문.

김보현(1999). 2세 유아의 상상놀이에 관한 일 연구. 성신여자대학교 대학원 석사학위 청구논문.

김영심(2002). 초기 가상놀이 표상적 특성: 가상놀이의 상징화 수준과 마음 이론과의 관계. 동덕여자대학교 대학원 박사학위 청구논문

김유진(2003). 영아 보육교사의 전문성 인식과 직무 스트레스에 관한 연구. 덕성여자대학교 대학원 석사학위 청구논문.

김의향(2005). 7 - 24개월 영아의 의사소통적 몸짓과 어휘 습득 간의 관계. 연세대학교 대학원 박사학위 청구논문.

노희연(2002). 영아의 놀이행동 이해. 중앙대학교 대학원 석사학위 청구논문.

도현심, 최미경(1998). 어머니의 양육행동 및 또래 경험과 유아의 자아존중감과의 관계. **아동학회지, 19(2),** 19 - 33.

마혜진(2005). 영아의 또래 간 갈등에 대한 교사의 개입전략. 덕성여자대학교 대학원 석사학위 청구논문.

박연순(2004). 보육시설의 질적 수준에 따른 영아의 친사회적 행동비교연구. 덕성여자대학교 대학원 석사학위 청구논문.

박찬옥, 정남미, 임경애(2004). **유아놀이지도.** 서울: 학문사.

박휴용(1994). 유아의 의사소통에 관한 연구. 연세대학교 대학원 석사학위 청구논문.

서경혜(2005). 2세 영아의 구성놀이에 관한 사례연구. 중앙대학교 대학원 석사학위 청구논문.

성지현(2000). 1세 영아 - 어머니의 언어와 놀이. 연세대학교 대학원 석사학위 청구논문.

송혜린(2003). 어린이집의 질적 수준 및 교사의 놀이참여와 유아의 놀이행동 간의 관계. 연세대학교 대학원 박사학위 청구논문.

양옥승(2003). 자유선택활동에서 유아의 선택의 의미. 유아교육학회. 23(3). 131 - 152.

여성가족부(2005). **보육시설 실태조사 보고,** 연구보고 2005 - 04.

유정화(2003). 놀이에 대한 교사 효능감에 다른 영아의 상상놀이에서 교사 개입에 관한 연구. 이화여자대학교 교육대학원 석사학위 청구논문.

유혜령(2002). **유아교육 이론 해체하기: 비판적 접근.** 서울: 창지사.

이강이(1998). 대물 다툼 상황에서 2세아의 또래 갈등 과정 분석. 서울대학교 대학원 박사학위 청구논문

이수연(2001). 영아의 단독놀이 행동과 가정환경 자극과의 관계. 연세대

학교 대학원 석사학위 청구논문.

이숙재(2000). **유아를 위한 놀이의 이론과 실제.** 서울: 창지사.

이순형, 김정연(1997). 보육시설 내 성별에 따른 영아와 교사 및 또래 간의 사회적 상호작용. **유아교육학회. 18(2).** 23 - 37.

이영(1999). **발달에 적합한 영아 프로그램. 올바른 보육은 요람에서부 터:** 1999년 7회 국제 학술대회 자료집. 삼성복지재단 어린이개 발센터.

이영, 이미화(1993). **2세아를 위한 놀이 및 활동.** 서울: 학지사.

이영자(1996). **놀이를 통한 초기 문해지도. 어린이와 놀이:** 1996년 제4 회 국제학술 대회자료집. 삼성복지재단 어린이개발센터.

이영자, 이기숙(1995). **2 - 3세를 위한 유아교육 프로그램.** 서울: 창지 사.

이용주(2002). 영아의 어린이집 생활세계 구성 과정. 서울여자대학교 대 학원 박사학위 청구논문.

이원영, 이영자, 박찬옥, 조형숙 공저((2001). **영아의 애착형성을 도와주 세요.** 서울: 다음세대.

이은해(2000). 유아의 친구관계에 관한 연구. **유아교육학회. 21(3).** 77 - 95.

이재창 · 임용자 공저(2002). **인간관계론.** 서울: 문음사.

이지수(2000). 영아와 교사 및 또래와의 상호작용 유형 분석. 덕성여자 대학교 교육대학원 석사학위 청구논문.

이지향(2003). 만 2세 유아의 상상놀이에 관한 연구. 이화여자대학교 대 학원 석사학위 청구논문.

이현호(1997). 영아 - 교사가 애착 안정성에 따른 사회적 놀이 참여 행 동 연구. 건국대학교 교육대학원 석사학위 청구논문.

이형득(1982). **인간관계훈련의 실제.** 중앙적성출판부.

임은혜(2005). 영아의 기질에 따른 기관 적응 및 또래와의 비언어적 상 호작용에 관한 연구. 덕성여자대학교 대학원 석사학위 청구논문.

임혜영(1999). 1, 2세 영아의 상징놀이 발달에 관한 연구. 덕성여자대학 교 대학원 석사학위 청구논문.

장영희(2002). **영아교육과정.** 서울: 양서원.

장영희(1987). 영아의 사회적 행동에 대한 연구 - 어머니 및 또래와의 관계를 중심으로. 이화여자대학교 대학원 박사학위 청구논문.

정연강, 조연순(1995). **유아영양과 건강.** 서울: 양서원.

조용환(2002). **질적연구 - 방법과 사례.** 서울: 교육과학사.

조혜진(2004). 유아의 사회·정서발달에 미치는 가족특성, 보육경험 및 기질 변인 분석. 이화여자대학교 대학원 박사학위 청구논문.

주삼환, 명세창 공역(1993). **교양 인간관계론.** 서울: 법문사.

주영희(2001). **유아 언어발달과 교육.** 서울: 교문사.

지성애(2001). **유아놀이지도.** 서울: 정민사.

최미현 등(1996). **영유아보육론.** 서울: 창지사.

최은희(2000). 한국아동의 어휘발달 연구: 13 - 30개월 아동을 대상으로. 연세대학교 대학원 석사학위 청구논문.

최서윤(2002). 영아와 어머니의 애착안정성에 따른 사회적 놀이행동. 이화여자대학교 교육대학원 석사학위 청구논문.

최지현(2000). 영아특성 및 보육환경(보육시설과 교사)변인이 영아의 놀이실 행동에 미치는 영향. 울산대학교 대학원 석사학위 청구논문.

한국유아교육학회편(1996). **유아교육사전.** 서울: 한국사전연구사.

홍용희(1998). **참여 관찰과 심층면담.** 교육인류학연구회 1988년 춘계학술대회. 교육연구의 질적 접근, 그 방법과 쟁점: 33 - 53.

A bramovitch, R., Corter, C., Pepler, D. J., & Stanhope, L.(1986). Sibling and peer interaction: A final follow - up and a comparison. *Child Development, 57*(1), 217 - 229.

Acredolo, L., & Goodwyn, S.(1993). Symbolic gestures and vical development: patterns of interaction Paper presented at the biennial meetings of the society for Research in Child Development, New Orleans, LA.

Anita Sethi, Walter Mischel, and J. Lawrence Aber, Yuichi Shoda, Monica Larrea Rodriguez.(2000). The Role of Strategic Attention Deployment in Development of Self - Regulation: Predicting Preschooler's Delay of Gratification From Mother - Toddler

Interaction. *Developmental Psychology, 36*(6), 767 – 777.

Ann Cami.(2002). Becoming Social: Maternal Guidance of Toddler Peer Interactions. Unpublished doctoral dissertation, Harvard University.

Anna Hedin, Bodil Ekholm & Benig Erik Anderson.(1997). Climates in Swedish Day Care Centers: Children's Behavior in Differing Centers. *Journal of Research in Childhood Education, 11*(2), 181 – 187.

Asendorpf. N.(1996). Self – awareness and other – awareness Ⅱ : Mirror self – recognition, social contingency and synchronic imitation. *Developmental Psychology, 32*(2). 313 – 321.

Athey, L.(1984). "Contribution of Play to Development", in T. D. Yawkey & A. D. Pelleginni(eds.), Child's Play; Development and Applied, Hillsdale, N, J.; Lawareness Erlbaum. 9 – 27.

Aureli, T., & Procacci, M. A.(1992). Day – care experience and children's social development. *Early Child Development and care, 83,* 45 – 54.

Bagwell, C. L., Newcomb, A. F., & Bukowski, W. M.(1998). Preadolescent friendship and peer rejection as predictors of adult adjustment. *Child Development, 69*(1), 140 – 153.

Baron, A. P., & Eares, F.(1984). The relationship of temperament and social factors to behavior problems in three – year – old children. *Journal of child psychology and psychiatry, 25*(1), 23 – 33.

Barry H. Schneider, Lesile Atkinson & Christine Tardif(2001). Child – Parent Attachment and Children's Peer Relations: A Quantitative Review. *Developmental Psychology, 37*(1), 86 – 100.

Barritt, L. S. et. al,.(1983). A Handbook of Phenomenological Research in Education. Michigan University Press. 홍기형 역(1995). 교육연구와 현상학적 접근. 서울: 문음사

Baskett, L. M., & Johnson, S. M.(1982). The young child's interaction with parents versus sibling: A behavioral analysis. *Child Development,* 53(3). 643 – 650.

Bates, E.(1979). Intentions, conventions, and symbols. In E. Bates (Ed.),

The emergence of symbols: Cognition and communication in infancy. New York: Academic Press

Bates, E., Camaioni, L., & Volterra, V.(1975). The acquisition of performatives prior to speech. *Merrill−Palmer Quarterly, 21,* 205−226.

Bates, E.(1976). Language in context New York: Academic Press.

Bates, E.(1976). Intentions, conventions and symbols. In E. Bates (Ed.), The emergence of symbols: Cognition and communication in infancy New York: Academic Press

Bates, E., Camaioni, L., & Volterra, V.(1975). The acquisition of performatives prior to speech Merrill−Palmer Quarterly, *21,* 205−226.

Belsky, J.(1988). The "effect" of infant day care reconsidered. *Early Childhood Research Quarterly, 3*(3), 235−272.

Belsky, J. & Most, R. K.(1981). From exploration to play: A cross−sectional Study of infant free behavior. *Developmental Psychology, 17*(5), 630−639.

Berndt, T. J., & Ladd, G. W.(1989). Peer relationships in child development. New York: Wiley.

Bleiker, C. (1999). Toddler friendship? The case of Hero and John. *Young Children. 54*(6). 18−23.

Bowlby, J.(1982). Attachment and loss: Vol. 1. Attachment(2d). N. Y.: Basic Books.

Brownell, C. A.(1990). Peer social skills in toddlers: Competencies and constraints illustrated by same−age and mixed−age interaction. *Child Development, 61*(3). 838−848.

Brownell, C., & Carriger, M.(1990). Changes in cooperation and self−other differentiation during the second year. *Child Development, 61*(4), 1164−1174.

Bruce Fuller & Susan D. Holloway, Laurie Bozzi, Elizabeth Burr.(2003). Nancy Cohen & Sawako Suzuki Explaining Local Variability in

Child Care Quality: State Funding and egulation in California. *Early Education & Development, 14*(1), 47 – 66.

Buhler, C., From Birth to Maturity: An Outline of the Psychological Development of the child, London: Routledge & Kegan Paul Ltd.(1935). *Early Education & Development, 14*(1), 83 – 100.

Bukowski, W. M. & Hoza, B.(1989). Popularity and Friendship: Issues in theory, measurement, and outcome. In T. J. Berndt, & G. W. Ladd(Eds.), Peer relationships in child development(pp.71 – 94). New York: John Wiley & Sons.

Cantrell, V. L., & Prinz, R. J.(1985). Multiple perspectives of rejected, neglected and accepted children. *Journal of Consulting and Clinical Psychology, 53*(6). 884 – 889.

Caplan, M., Vespo, J., Pederson, J., & Hay, D. F.(1991). Conflict and its resolution in small groups of one – and two – year – olds. *Child Development, 62,* 1513 – 1524.

Capirci. O., Iverson. J. M., Pizzuto, E. & Volterra. V.(1996). Communicative gestures and the transition to two – word speech. *Journal of Child Language, 23,* 645 – 673.

Carolee Howes, Catherine C. Matheson, and Claire E. Hamilton.(1994). Maternal, Teacher, and Child Care History Correlates of Children's Relationships with Peers. *Child Development, 65,* 264 – 273.

Casey, M. B., & Lipperman, M.(1991). Learning to plan through play. *Young Children, 3,* 52 – 58

Catherine Garvey(1977), Play: The Developing Child, Livrary of Congress Cataloging in Publication Data. 지혜련, 김판희 옮김, (1993), 놀이, 서울: 창지사

Cathryn L. Kelly, Susan J. Spieker & Tracy G. Zuckerman.(2003). Toddler's Attachment Security to Child – Care Providers: The Safe and Secure Scale. *Early Education & Development, 14*(1), 83 – 100.

Crick, N. R.(1996). The role of overt aggression, relational aggression and prosocial behavior in the prediction of children's future social adjustment. *Child Development, 67*(5), 2317 – 2327.

Coie, J., Terry, R., Lenox, K., Lochman, J., & Human, C.(1998). Erratum Childhood peer rejection and aggression as predictors of stable patterns of adolescent disorder. *Development and Psychology, 10*(3), 587 – 588.

Denham, S. M. Renwick, S. M., & Holt, R. W.(1991). Working and playing together: Prediction of preschool social – emotional competence from mother – child interaction. *Child Development. 62*(2). 242 – 249.

Didow, S. M. & Eckerman, C. O.(2001). Toddlers peers: From nonverval coordinated action to verval discourse, *Social Development, 10*(2), 170 – 188.

Fenson, L., P. S., Reznick, J. S., Bates, E., Thal, D. j., & Pethick, S. J.(1994). Variability in early communication development. Monographs of the Society for Research in child Delopment, ood.

Fenson, L., Dale, P. S., Reznick, J. S., Thal, D., Bates, E., Hartung, J. P., Pethick, S., & Reilly, J. S.(1994). McArthur Communicative Development Inventories. San Diego, CA: Singular Publishing Group.

Field, T.(1991). Quality infant day – care and grade school behavior and performance. *Child Development, 62*(4), 863 – 870.

Finkelstein, N. W., Dent, C., Gallacher, K., Ramey, C. T.(1978). Social Behavior of infants and Toddlers in a day care environment. *Developmental Psychology, 14*(3), 257 – 262.

Furman, W., & Buhrmester, D.(1985). Children's perceptions of the personal relationships in their social networks. *Developmental Psychology, 21*(6). 1016 – 1024.

Goldin – Meadow, S.(1998). The Development of gesture and speech as an integrated system. In J. Iverson & S. Goldin – Meadow(Eds.), The nature and functions of gesture in children's communication.

San Francisco, CA: Jossy − Bass.

Goldin − Meadow, S(2000). Beyond Words: The importance of gesture to researchers and learners. *Child Development, 71*(1), 231 − 239.

Goossens, F. A., & van Ijzendoorn, M. H.(1990). Quality of infant's attachments to professions caregivers: Relations to infant − parent attachment and day − care characteristics. *Child Development, 61,* 832 − 837.

Gowen, J. W., Johnson − Martin, N., Goldman, B. D., & Hussey, B.(1992). Object play and exploration in children with and without disabilities: A longitudinal study. *Amorican Journal on Mental Retardation, 97,* 21 − 38.

Gowen, J. W.(1995). The Early Development of Symbolic Play. *Young Children, 50*(3), 75 − 84.

Greenberg, P.(2000). Core concepts contribute to the development of good character in infants, toddler, and two − year − olds. *Young Children, 55*(2).

Harper, L., & Huie, K.(1985). The effects of prior group experience, age and familiarity on quality and organization of preschool social relationships. *Child Development, 56*(3), 704 − 717.

Hartup, W. W.(1996). The company they keep: Friendships and their developmental significance. *Child Development, 67*(1), 1 − 13.

Hay, D. F., Pederson, J., & Nash, A.(1982). Dynamic Interaction in the First Year of Life. In Rubin, K. H., & Ross, H. S.(Eds,), Peer Relationship and Social Skills in childhood, New York: Springer − Verlag.

Hinde, R. A.(1979). Towards understanding relationships. New York: Academic.

Hoffman(1984). Maternal employment and the child. In M. Perlmutter(Ed). Parent − child interaction and parent − child relations in development(pp. 101 − 127). Hollsdale, NJ: Erlbaum.

Holloway, S. D., & Reichhart − Erikson, M.(1988). The relationship of day care quality to children's free – play behavior and social problem – solving skills. *Early Childhood Research Quarterly, 3*(1), 39 – 53.

Howes,. C.,(1980). Peer play scale as an index of complexity of peer interaction. *Developmental Psychology, 16*(4), 371 – 372.

Howes, C., & Rubinstein, J.(1985). Determinations of toddlers' experiences in day care: Age of entry and quality of setting. *Child care Quarterly, 14*(2), 140 – 151.

Howes, C.(1988). Peer interaction of young children. *Monographs of the society for research in Child Development, 53*(1, Serial No. 217).

Howes, C., Rodning, C., Galluzzo, D. C., & Myers, L.(1988). Attachment and child care: Relationships with mother and caregiver. *Early Childhood Research Quarterly, 3*, 403 – 416.

Howes, C.(1989). Research in review. Infant Child Care. *Young Children, 44*(6), 24 – 28.

Howes, C.(1990). Can the age of entry into child care and the quality of child care predict adjustment in kindergarten? *Developmental Psychology, 26*(2), 292 – 303.

Howes, C., & Hamilton, C. E.(1993). Child care for young children. In B. Spodek, *Handbook of research on the education of young children.* New York: Macmillan Publishing Co.

Howes,. C., Hamilton, C. E. & Matheson, C. C.(1994). Children's relationships with peer: Differential association with aspects of the teacher – child relationship. *Child Development, 65.* 253 – 263.

Howes, C.(1995). Relations among child care quality, teacher behavior, children's play actives, emotional security and cognitive activity in child care. *Early Childhood Research Quarterly, 10*(4), 381 – 404.

Howes, C.(1997). Teacher sensitivity, children's attachment and play with peers. *Early Education and Development, 8*(1), 41 – 49.

Honig, A. S.(1985). High quality infant/toddler care: Issues and dilemmas. *Young Children, 40*(11), 1 – 40.

Honig, A. S.(1990). Infant－Toddler Education: Principles, Practices, and Promises. Merrill/Macmillan.

Honig, A. S.(1995). Mental Health for Babes: What Do Theory and Research Teach Us? 영유아 보호와 교육: 1995년 제3회 국제 학술대회자료집, 삼성복지재단 어린이개발센터.

Hughes, F. P.(1995). Children, Play and Development. Boston: Allyn and Bacon.

Iverson, J. M., Capirci, O. & Caselli, M.C.(1994). From communication to language in two modalities. *Cognitive Development, 9,* 23－43.

Jacobson, J. L.(1981). The role of inanimate objects in early peer interaction. *Child development, 52*(3), 618－626.

Jacobson, J. L., & Wille, D. E.(1986). The influence of attachment pattern on developmental changes in peer interaction from the toddler to the preschool period. *Child development, 57,* 338－347.

Joan Lombardi.(2003). Time to Care, Temple University Press.

Johnson, J., Chirsteie, J. F. & Yawkey, T. D.(1987). Play and Early childhood Development, Glenview, Illionis London; Scott, Foresman and Company.

Judith Van Hoorn, Patricia Monighan Nourot, Barbara Scakes, Keith Rodriquez Alward.(2003). Play At The Center Of The Curriculum. Merrill Prentice Hall.

Jutta Kienbaum.(2001). The Socialization of Compassionate Behavior by Child Care Teacher. *Early Education & Development, 12*(1), 139－153

Kaplanm B.(1963). Symbol Formation. New York: John Wilev & Sons.

Keenan. K., Shaw. D., Delliquadri, E., Geovannelli, J., & Walsh, B.(1988). Evidence for the continuity of early problem behavior: Application of a developmental model. *Journal of Abnormal Child Psychology, 26,* 441－452.

Ladd, G. W., & Kochenderfer, B. j., & Coleman C. C.(1996). Friendship quality as a predictor of young children's early school adjustment.

Child Development. 67(3), 1103 – 1118.

Marilyn Segal & Don Adock(1985). Your Child at Play: Two to Three Years. New York: Newmarket Press

Marion R. McNairy.(1989). Miltiple Staffing and Teacher Action Gordon and Breach Science Publisher, Inc.

Matas, L., Arend, R. A., & Sroufe, L. A.(1978). The continuity of adaptation in the second year: Relationship between quality of attachment and later competence. *Child Development,* 49, 547 – 556.

McCartney, K., Scarr, S., Phillips, D., Grajek, S., & Schwartz, C.(1982). Enviromental differences among day care centers and their effects on children's development. In E. F. Zigler & E. W. Gordon(Eds.), Day care: Scientific and social policy issues, 126 – 151 Boston: Auburn House.

McNeill, D.(1985). So you think gesture are nonverrbal? *Psychological Review,* 92, 350 – 371.

McNeill, D.(1992). Hand and mind: What gesture reveals about thought. Chicago, IL: University of Chicago Press.

Morison, P., & Masten, A.(1991). Peer reputation in middle childhood as a predictor of adaptation in adolescence: A 7 – year follow – up. *Child Development.* 62(5), 991 – 1007.

Muller, E., & Brenner, J.(1977). The origins of social skills and interaction among play group toddlers. *Child Development,* 48, 854 – 861.

NICHD Early Child Care Research Network(1998). Early child care and self – control, compliance, and problem behavior at 24 and 36 months. *Child Development,* 69(4), 1145 – 1170.

NICHD Early Child Care Research Network(2001). Child – Care and Family Predictors of Preschool Attachment and Stability From Infancy. *Developmental Psychology,* 37(6), 847 – 862.

NICHD Early Child Care Research Network(2001). Child care and children's peer interaction at 24 and 36 months: The NICHD study of early child care. *Child Development, 72*(5), 1478 − 1500.

Park, K., & Hoing, A.(1991). Infant child care patterns and later teacher ratings of preschool behavior. *Early Child Development and Care, 68,* 89 − 96.

Parker − Cohen, N. Y., Bell, R. Q.(1988). The relationship between temperament and social adjustment to peer. *Early Childhood Research Quarterly(3),* 179 − 192.

Pellegrino, M. & Scopesi, A.(1990). Structure and function of baby talk in a day care center. *Journal of Child Language. 17.* 101 − 114.

Phillips, D., McCartney, K., Scarr, S.(1987). Child care quality and children's social developmnet. *Developmental Psychology, 23*(4), 537 − 543.

Piaget, J.(1962). Play, Dreams and Imitation in Childhood, New York: W. W. Norton.

Pianta, C. R.(1997). Adult − child relationship processes and early schooling, *Early education and development,* 8(1), 11 − 26.

Reinhart and Tronck, E. Z., & Cohen. J. F.(1989). Infant − mother face to face interaction: Age and gender differences in coordination and the occurrence of miscoordination. *Child Development,* 60(1), 85 − 92.

Robert S. Siegler and Julie L. Booth.(2004). *Child Development,* 75(2). 428 − 444.

Robin Lynn Leavitt.(1994). Power and Emotion in Infant − Toddler Day Care, New york: State university of new york press.

Ruth Harding Weaver(2002). Predictors of Quality and Commitment in Family Child Care: Provider Education, Personal Resources, and Support. *Early Education & Development, 13*(3), 265 − 282.

Seefeldt, C.(2001). Social Studies for the preschool, primary child. Merril Prentice Hall.

Spradley, J.(1980). Participant observation. New York: Holt,

Streeck, J.(1993). Gesture as communication: Its coordination with gaze and speech. *Communication Monographs, 60*, 275 − 299.

Sue Lovas(2002). Early Gender Development in the Context of Parent/Toddler Interactions: Emotional Availability and Langage Development. Unpublished doctoral dissertation, University of California.

T.G.R.Bower(1977). A Primer of Infant Development. W.H.Freeman and Company. 이원영 역(1980). 영아발달, 서울: 교문사

Tiffany Field(1990), Infancy, Harvard University Press, 박성연, 이 영 역(1997). 영아기 발달. 이화여자대학교 출판부.

Vandell, D., Hunderson, V., Wilson, K.(1988). A longitudinal study of children with day care experience of varying quality. *Child Development Research, 59*, 1286 − 1292.

Vasta, R., Haith, M. M., & Miller, S. A.(1999). Child Psychology: The modern science(3rd ed.). New York, NY: John Wiley & Sons.(Eds.),Gretchen.

Watson, M. W., & Jackowitz, E. R.(1984). Agents and recipient objects in the development of early symbolic play. *Child Development, 55*, 1091 − 1097.

Winston. 이희봉 역(1988). 문화탐구를 위한 참여 관찰방법. 서울: 대한 교과서주식회사.

Winter, W. M.(1985). Toddler Play Behaviors and Equipment Choices in an Outdoor Play Environment. In J. L. Frost and S. Sunderlin(Eds.), When Children Play(pp. 129 − 138). Wheaton, MD: ACEI.

부록 Ⅰ

하 늘 반 월 간 교 육 계 획 안

· 주제: 어린이집 적응하기 Ⅰ
· 다루어질 내용: 새로운 환경에 자연스럽게 적응하면서 하루일과에 단계적으로 적응한다.
· 실시기간: 3월 1주~3월 4주

소주제		3/1주 어린이집에 왔어요 Ⅰ	3/2주 어린이집에 왔어요 Ⅱ	3/3주 엄마와 기분 좋게 헤어져요 Ⅰ	3/4주 엄마와 기분 좋게 헤어져요 Ⅱ
등원 및 맞이하기		반갑게 인사하기	선생님과 인사하기	부모님께 손 흔들기	부모님과 인사하기
실내자유놀이	언어영역	· 까꿍 놀이 해보기 · 소리 나는 그림책 · 안녕 말해 보기	· 음식그림 보기 · 자기 이름 말하기 · 모빌 보기	· 물건 가져오기 · 느낌이나 요구에 대해 말해 보기 · 사진보고 엄마·아빠 찾기	· 선생님 무릎에 앉아 책 보기 · 인형과 이야기하기 · 하루일과 책 보기
	창의영역	· 마음대로 긁적거리기 · 스펀지 블록 놀이 · 인형 안고 다니기	· 퍼펫 인형놀이 · 블록 나르기(담고 쏟기) · 악기 소리 듣기	· 인형 업어 주기 · 노래 부르며 긁적거리기 · 블록 무너뜨리기	· 밀가루 점토 주무르고 만지기 · 낮잠 놀이
	탐색영역	· 교실 둘러보기 · 거울보기 · 주머니 속 물건 꺼내기	· 자기 얼굴 사진보고 서랍장 찾기 · 소리상자 흔들기 · 어항 물고기 보기	· 까꿍 놀이 놀잇감 · 〈촉감책〉느껴보아요 · 구슬파도 옮기기(롤러코스터)	· 똑같은 놀잇감 찾기 · 잃어버린 인형 찾기
	신체영역	· 손가락으로 가리키기 · 놀이집 속에 들어가기 · 경사면 오르기	· 끌차 끌기 · 교사 손잡고 돌기 · 작은 물건 집기	· 공 넣기 · 장난감 기	· 스펀지 매트에 올라가기 · 낮은 장애물 건너기
실외자유놀이		스펀지 공굴리기	소리 나는 장난감 끌기	음악 소리에 몸 흔들기	흔들 말 타기
점심 및 낮잠		밥 먹기 전 손 깨끗이 씻기	이불 꼭 덥고 자기	모차르트의 자장가-모차르트(자장가)	
기본생활습관		엄마와 울지 않고 헤어지기	선생님과 인사하기		

- 주제: 어린이집 적응하기 II
- 다루어질 내용: 어린이집을 돌아보고 자신이 생활하는 곳에 친밀감을 가진다.
- 실시기간: 4월 1주～4월 4주

	소주제	4/1주 우리 반에 무엇이 있을까 I	4/2주 우리 반에 무엇이 있을까 II	4/3주 어린이집에 무엇이 있을까 I	4/4주 어린이집에 무엇이 있을까 II
	등원 및 맞이하기	반갑게 맞이하며 안아 주기	교실 안 살펴보기		자기장에 물건 넣어 보기
실내자유놀이	언어영역	· 사진보고 나 찾아보기 · 까꿍 그림 놀이	· 교실의 놀잇감과 인사하기 · 표정 따라 하기	· 사진에 있는 곳 말해 보기 · 헝겊그림책 보기	· 낮잠 시간에 이야기 듣기 · 그림에 맞는 물건 넣기
	창의영역	· 종이 만져보기 · 흔들흔들 움직여 보기 · 옷감책 만져보기	· 스티커 붙이기 · 주전자로 물 따라 마시기 놀이 · 총알블록 끼고/빼기	· 여러 가지 종이 구기기 · 종이벽돌 블록 쌓기 · 팔지 끼고 흔들기	· 밀가루 점토놀이 · 컵 블록 놀이 · 딸랑딸랑 노래해요
	탐색영역	· 누르면 소리 나는 장난감 · 통에서 물건 하나씩 꺼내기 · 다양한 곳에서 걷기	· 풍선 주무르기 · 모양 찾아 놀아 보기	· 모래놀이 · 어린이집 둘러보기 (마당, 옥상, 유희실……)	· 똑같아요(매치보드) · 상쾌한 바깥 공기 맡기 · 올챙이 관찰하기
	신체영역	· 1조각 퍼즐놀이 · 곤지곤지 잼 잼 · 간지럽히기	· 도움받아 오르내리기 · 상자 구멍에 손가락 넣어보기 · 문 열어보기	· 내 몸이 굴러가요 · 엉덩이로 걷기 · 북을 두드려 보아요	· 탑 쌓기 · 탁구공 가지고 놀기 · 그림 위에서 기기
실외자유놀이		붕붕카 타기　　　공굴리기	그대로 멈춰라	마당 산책하기 꽃 보기	벌레 찾아보기
점심 및 낮잠		바르게 앉아서 밥 먹기	낮잠 시간에 노래 들으며 자기	마법의 자장가–동화의 나라(자장가)	
기본생활습관		"안녕" 하고 인사하기	밥 먹을 때 숟가락 포크 사용하기	자기 사진보고 옷장 찾아보기	

하 늘 반 월 간 교 육 계 획 안

· 주제: 놀잇감
· 다루어질 내용: 놀잇감을 탐색하고 재미있게 놀이한다. 배변의사를 표현한다.
· 실시기간: 5월 1주～5월 5주

소주제		5/1주 어떤 놀잇감이 있을까 I	5/2주 어떤 놀잇감이 있을까 II	5/3주 놀잇감은 재미있어요 I	5/4주 놀잇감은 재미있어요 II	5/5주 배변의사를 표현해요
등원 및 맞이하기		선생님과 친구들 안녕　　먼저 온 친구 살펴보기　　놀잇감 둘러보기				
실 내 자 유 놀 이	언어영역	· 놀잇감 이름 따 라 해보기 · '여보세요'전화로 따라 해보기	· 교사와 함께 책 보기 · 몸짓으로 간단 한 의사표현하기 · 정리하기	· 친구에게 놀잇감 건네주기 · 그림책 책장 넘기기 · 사물 물어보고 집어 보기	· 큰 소리, 작은 소리 들어보기 · 교사의 한 단어 말 따라 하기	· 쉬/응가 말해 보기 · 끙끙 응가놀이 (책) · 예/아니요 대답 하기
	창의영역	· 북 두드리기 · 가방 들고 다녀 보기	· 음악 들으며 리 본 흔들기 · 사인펜으로 긁 적이기 · 유모차에 인형 태워 주기	· 딸랑이 흔들기 · 수수깡 부러뜨리기 · 놀이집에 숨어보기	· 모양종이에 긁 적이기 · 수레에 담아보기	· 날 따라 해 봐요 · 밀가루점토놀이
	탐색영역	· 거북이 4먹이주기 · 꽃향기 맡아보기	· 꽃잎 불어 움직 이기 · 새로운 음식 맛 보기 · 놀잇감 숨기고 찾기	· 휴지 뜯기/버리기 · 놀잇감 담고 쏟기 · 발바닥이 이상해 요(촉감)	· 비누방울 놀이 · 매트 탐색 해 보기	· 인형 응가 시켜 주기 · 아기 재우기
	신체영역	· 보들이 쌓고 무 너뜨리기 · 굴러가는 공 잡기	· 미끄럼틀 타기 · 오뚝이 밀어 보기	· 우레탄블록 오르 내리기 · 훌라후프 통과하기	· 비탈길 놀이 · 음악에 맞추어 움직이기	· 큰 공 굴리기 · 변기에 앉아 보기 · 수건 흔들기
실외자유놀이		마당 산책하기 꽃 보고 물 주어 보기	손가락으로 모래 비 내리기		모래 놀이기구로 놀이하기	
점심 및 낮잠		꼭꼭 씹어 먹기	젖은 옷 선생님과 갈아입기		김순남의 자장가	
기본생활습관		고개 숙여 인사해 보기 놀잇감 던지지 않기	소, 대변 의사 표현하기		놀잇감 치우는 것 도와주기	

· 주제: 동물
· 다루어질 내용: 동물의 소리와 생김새에 관심을 갖고 탐색해 본다.
· 실시기간: 6월 1주~6월 4주

소주제		6/1주 동물과 친해져요 I	6/2주 동물과 친해져요 II	6/3주 동물 흉내를 내보아요 I	6/4주 동물 흉내를 내보아요 II
등원 및 맞이하기		동물 퍼펫으로 인사하기	친구와 반갑게 인사하기		
실내자유놀이	언어영역	· 동물 퍼펫 놀이 · 그림책 보고 동물이름 말하기	· 동물 그림 · 지시하는 곳 찾아 가기 (주방, 화장실……)	· 동물모빌 보면서 이야기하기 · 동물 소리 듣고 따라 하기 · 동물 까꿍 놀이	· 동물 막대 인형으로 말 하기 · '좋아요, 싫어요'라고 표 현해보기 · 전화로 이야기하기
	창의영역	· 밀가루 반죽에 동물 모양 찍기 · 마라카스 흔들기	· 동물 모양 종이에 긁적이기 · 프리모 동물 농장 꾸미기	· 돼지 코 만들기 · 작은 동물원 들으 며 동물 흉내 내기 · 동물 모형 옷 입 고 춤추기	· 동물 인형 유모차에 태워주기 · 동물 모자 쓰고 흉내 내기 · 신문지 마음대로 찢기
	탐색영역	· 동물 인형 찾아보기 · 동물 모양 촉감 발판	· 1조각 동물 퍼즐 맞추기 · 동물과 비슷한 촉 감 느끼기	· 동물 촉감 카펫 느끼기 · 동물 꼬리 만져 보기	· 동물 까꿍 퍼즐 · 동물 꼭지 퍼즐
	신체영역	· 동물 먹이주기(모형동물) · 엉금엉금 기기	· '아기 코끼리 걸 음마'들으며 움직 이기 · 말 타기	· 오리처럼 앉아서 걸어보기 · 스펀지 블록 오르 내리기	· 동물 신발 신고 걸어보기 · 바퀴달린 동물 끌고 다 니기 · 블록 넘어뛰기
실외자유놀이		깡충깡충 뛰기	모래에 그림 그리기	동물인형 목욕시키기	거북이 먹이주기
점심 및 낮잠		자신의 베개, 이불 찾아 누워보기		백조의 호수 중 〈정경〉	
기본생활습관		바르게 앉아서 먹기	놀잇감 던지지 않기	벗은 양말 자기장에 넣기	동물 괴롭히지 않기

· 주제 : 더워요(느껴보아요 Ⅰ)
· 다루어질 내용 : 날씨 변화를 느끼고 물놀이를 통해 물을 탐색해 본다.
· 실시기간 : 7월 1주~7월 3주

소주제		7/1주 만져보아요	7/2주 눈으로 보아요/들어보아요	7/3주 더워요
등원 및 맞이하기		옷차림에 대해 이야기 날씨에 대해 이야기 하기 여벌 옷 보내 달라고 부탁 드리기		
실 내 자 유 놀 이	언어영역	· 촉감책 보며 이야기 하기 · 촉감 방석 · 〈방울방울 퐁퐁〉	· 까꿍 그림판 놀이 · 과일책 보기	· 음식 그림카드 보기 · 매미소리 들어보기
	창의영역	· 밀가루 반죽에 여러 가지 물건 꽂아보기 · 퐁퐁 소꿉놀이하기 · 보들이 블록 놀이하기	· 소리 듣고 만들어 보기 · 종이 구기기, 찢기, 뿌리기 · 종이에 사인펜으로 긁적거 리고 물 뿌려보기	· 거울 보고 춤추기 · 비닐에 긁적거리기 · 종이모자 써보기
	탐색영역	· 촉감 비밀상자 놀이하기 · 촉감 퍼즐 맞추기 · 촉감 방석	· 거울 속에 비친 모습보기 · 나는 북치는 것이 좋아 · 까꿍 튜브 놀이하기 · 셀로판지 탐색하기	· 곤충 보기 · 얼음 만져보기 · 여러 가지 과일 맛보기
	신체영역	· 촉감 사슬로 모양 만들기 · 여러가지 공 굴려 보기	· 스카프 놀이하기 · 방울 슬리퍼 신고 다니기	· 균형 잡고 걷기 · 비닐 매트에서 움직이기
실외자유놀이		물풍선 치기 모래케이크 만들기 바닥에 물 그림 그리기 비눗방울 놀이하기 두드려보아요 스프레이 뿌리기 물뿌리개 뿌리기 들어보아요(아마데우스 piano이용) 조개 껍질, 모래 놀이		
점심 및 낮잠		혼자서 먹어보기 자기컵, 자기 칫솔 찾아 이닦기 나의 천사 내 아기 Ⅰ.Ⅱ(자장가)		
기본생활습관		자기 기저귀 꺼내오기 자기 잠자리 찾아보기 손 씻은 후 수건에 닦기		

하 늘 반 월 간 교 육 계 획 안

· 주제: 더워요(배변훈련Ⅱ)
· 다루어질 내용: 날씨 변화를 느끼고 물놀이를 통해 물을 탐색해 본다.
· 실시기간: 7월 4주~8월 2주

소주제		7/4주 물놀이는 재미있어요Ⅰ	8/1주 물놀이는 재미있어요Ⅱ	8/2주 혼자 할 수 있어요(배변훈련)
등원 및 맞이하기		날씨에 대해 이야기하기	여벌 옷 보내 달라고 부탁드리기	
실내자유놀이	언어영역	· 야외에서 그림책보기 · 물장구 소리 들어보기 · 〈첨벙첨벙 물놀이〉	· "하지 마! 싫어"표현하기 · 이야기 듣고 행동하기	· 배변에 관한 책 보기 · 누구나 응가를 해요
	창의영역	· 인형 목욕시키기 · 손바닥 · 발바닥 찍기	· 소꿉놀이하기 · 빨래놀이하기	· 인형으로 대소변 시키는 흉내 내기 · 부엌에서 나는 소리 · 이젤에서 물감 그림 그리기
	탐색영역	· 초코우유 만들어 먹기 · 물방울 손등에 떨어뜨리기	· 물속에 물건 넣어보기 · 모루 탐색하기	· 밀가루 반죽 응가 놀이 · 아기 인형 기저귀 채워주기
	신체영역	· 낚시놀이하기 · 그물에 공 던져 넣기	· 음악 듣고 멈추기 · 물속 구슬 잡아보기	· 엉덩이로 기어가기 · 머리 어깨 무릎 발 따라 하기
실외자유놀이		놀잇감 씻기　　　　물그림 그리기　　　　스펀지 물그림　　　　밀가루풀 그림 물놀이 기구 가지고 물놀이하기　　　　자동차 세차 놀이		
점심 및 낮잠		식사 후 먹은 그릇(식판)정리하기　　　　낮잠 자기 전에 화장실 다녀오기 소야곡 중 로망스 - 모차르트(자장가)		
기본생활습관		대소변 의사 표현하기　　　바지 혼자 내려 보기　　　물놀이 후 수건으로 몸 닦기		

하 늘 반 월 간 교 육 계 획 안

· 주제: 자동차놀이
· 다루어질 내용: 여러 가지 탈 것에 관심을 가지고 놀아 본다.
· 실시기간: 8월 3주~9월 2주

소주제		8/3주 자동차 놀이를 해요 Ⅰ	8/4주 자동차 놀이를 해요 Ⅱ	9/1주 여러 가지 탈것이 있어요 Ⅰ	9/2주 여러 가지 탈것이 있어요 Ⅱ
등원 및 맞이하기		가지고 온 소지품 장에 넣어 보기　　어린이집에 어떻게 왔는지 이야기해 보기 올 때 본 자동차 이야기해 보기			
실 내 자 유 놀 이	언어영역	· 자동차 그림 보며 이야 해 보기 · 자동차 소리 내보기	· 교통기관 촉감책 보기 · 교통기관 그림 보 고 이름 말해보기	· 융판에 붙이며 이 야기하기 · 코코코 놀이	· 교통기관 책 보기 · 두 단어 문장 말하기
	창의영역	· 덤프트럭 가지고 놀기 · 음악에 맞추어 흔들기 · 여러 가지 탈 것 모양 종이에 색 테이프/스티 커 붙이기	· 자동차 길 만들기 · 밀가루 반죽에 바 퀴 찍어 보기	· 인형놀이 · 스탬프 도장 찍기 · 와플블록 길게 이어 보기	· 놀이 집에서 놀이하기 · 흰 종이 상자에 그리기
	탐색영역	· 경사로, 터널스펀지 블 록에서 자동차 굴려보기 · 컵 블록	· 태엽 미니카 굴리기 · 자석 자동차 붙여 보기 · 한 조각 교통기관 촉감퍼즐	· 자동차 길에서 자동차 굴려보기 · 레고로 기차 만들기	· 그림 바로 놓고 보기 · 구슬 끼우기 · 여러 가지 교통기관 퍼즐(1~2조각)
	신체영역	· 자동차 타기, 주차하기 · 누워서 발 흔들기	· 트럭에 물건 실어 나르기 · 자동차, 수레 끌기	· 장애물 놀이 · 끌차 끌기 · 거울보고 춤추기	· 촉감 바닥 위에서 걷기 · 날아가는 비행기 되어 보기
실외자유놀이		붕붕카, 자동차 타기 모래 속에 숨긴 것 찾기	터널 지나가기 기차놀이	자전거 타기	트럭에 모래 싣기
점심 및 낮잠		음식 먹을 때 흘리지 말기　　동화책 보며 잠들기 아이네클라이네나흐트무지크-모차르트(클래식)			
기본생활습관		자동차 놀이 후 제자리에 놓기　　바깥놀이 후 모래 털어 보기　　휴지통에 휴지 넣기			

· 주제: 나
· 다루어질 내용: 자신에 대해 관심을 갖고 자신의 이름을 말해본다.
· 실시기간: 9월 3주~10월 2주

<table>
<tr><td colspan="2" rowspan="2">소주제</td><td>9/3주
내 이름을 말해보아요 I</td><td>9/4주
내 이름을
말해보아요 II</td><td>10/1주
내 얼굴을
살펴보아요</td><td>10/2주
내 몸을 움직여 보아요</td></tr>
<tr></tr>
<tr><td colspan="2">등원 및
맞이하기</td><td>이름 불러주며 맞이하기</td><td colspan="3">교사 도움받아 자기 옷 옷걸이에 걸기</td></tr>
<tr><td rowspan="4">실
내
자
유
놀
이</td><td>언어영역</td><td>· 내 이름 말하고 대답
하기
· 백일사진보고 말하기
· 일상생활에 관한 단어
말하기</td><td>· 비디오에서 내 모
습 찾아보기
· 손 인형 놀이
(이름 물어보고 답
하기)</td><td>· 내 모습 보고 말
하기
· 자기 목소리 녹음
한 것 듣기</td><td>· "네/아니요"라고 말해
보기
· 신체부위 이름 말하기</td></tr>
<tr><td>창의영역</td><td>· 밀가루 반죽놀이
· 나뭇잎모양 종이에 솜
방망이 두드리기</td><td>· 손 대고 그리기
· 사람모양 종이에
얼굴사진 붙여보기
· 악어 이 닦기</td><td>· 생일 축하놀이
· 입술 찍기
· 밀가루 반죽으로
얼굴 꾸미기
· 화장하는 놀이 해
보기</td><td>· 밀가루 반죽으로 나의
몸 장식하기
· 밀가루 풀 그림
· 그림자놀이</td></tr>
<tr><td>탐색영역</td><td>· 모양 만져 보기
· 거울보고 로션 바르기
· 서랍장에서 내 물건 찾
아보기</td><td>· 옷 입고 벗기
· 악기 소리
탐색하기</td><td>· 표정 짓기
· 눈, 코, 입 움직
임 탐색하기
· 얼굴모양 맞추기</td><td>· 무슨 소리일까?
· 뚜껑을 열고 닫기
· 밀가루 반죽 위에서
걷기</td></tr>
<tr><td>신체영역</td><td>· 상자놀이
· 뒤뚱뒤뚱 걸어요
· 선생님과 마주보고 공
굴리기, 던지기</td><td>· 종이 구겨서
던지기
· 발자국 따라 걷기
· 스펀지 블록 키만
큼 쌓아 보기</td><td>· 이름 부르면 의자
에 앉기
· 옆으로 걷기/뒤로
걷기
· 스펀지 블록에서
놀기</td><td>· 마음대로 걸어보기
· 매달린 풍선 손으로 쳐
보기
· 음악에 맞춰 움직이기</td></tr>
<tr><td colspan="2">실외자유놀이</td><td>아스코 평균대 오르내리기
공 굴리고 찾아오기</td><td>모래 쏟고 담기</td><td>두꺼비집 짓기</td><td>훌라후프 장애물 놀이</td></tr>
<tr><td colspan="2">점심 및 낮잠</td><td>밥 남기지 않고 다 먹기</td><td colspan="2">친구 이불 밟으며 다니지 않기</td><td>환상곡(자장가)</td></tr>
</table>

하 늘 반 월 간 교 육 계 획 안

· 주제: 엄마, 아빠
· 다루어질 내용: 엄마, 아빠가 하는 일에 관심을 갖고 흉내를 내어 본다.
· 실시기간: 10월 3주~11월 1주

소주제		10/3주 엄마, 아빠 사랑해요	10/4주 엄마, 아빠 흉내를 내요 Ⅰ	11/1주 엄마, 아빠 흉내를 내요 Ⅱ
등원 및 맞이하기		어린이집에 누구하고 왔는지 이야기하기 　올 때 걸어 왔는지 물어보기		
실 내 자 유 놀 이	언어영역	· 가족사진 보기 · 누구의 물건일까요?	· 문장으로 말하기 · 엄마/아빠에게 전화하기	· 사물에 이름 명명해보기 · 가족인형놀이
	창의영역	· 아기 돌보기 · 인형 목욕시키는 흉내 　내기 · 리본 춤추기	· 인형 업고 다니기 · 엄마/아빠 흉내 내기	· 다양한 모양 종이에 색 　칠하기 · 상차리기 놀이 · 스카프(보자기)놀이
	탐색영역	· 집에서 쓰는 그릇 두들 　겨 보기 　(냄비, 프라이팬 등) · 마카로니 놀이	· 구슬 끼워보기 · 모양 구멍에 맞추어 집어 　넣기 · 나뭇잎 탐색해 보기	· 냄비 뚜껑 찾기 · 놀잇감 닦기(촉감, 　소근육) · 집게로 집기
	신체영역	· 여러 가지 공 바구니에 　넣기 · 팔 벌리고 걷기	· 도움 받아 한 발로 서기 · 다리 벌리고 양손 벌려 　서기	· 징검다리 건너기 · 공 굴려 목표물 쓰러뜨 　리기 · 교사 팔에 매달리기
실외자유놀이		젖은 모래 찍어 내기 　나뭇잎 관찰 　냄비 프라이팬 두들겨 보기 야외에서 책 읽어주기		
점심 및 낮잠		반찬 골고루 먹기 　벗은 옷장에 넣기 　타이스의 명상곡-마스네(자장가)		
기본생활습관		엄마·아빠 도와 드리기(상 닦기, 안마 해 드리기, 신발 정리하기 등)		

· 주제: 친구
· 다루어질 내용: 나와 친구의 모습을 구별하고, 친구에게 관심을 갖는다.
· 실시기간: 11월 2주~11월 5주

<table>
<tr><td colspan="2">소주제</td><td>11/2주
우리 반 친구예요 Ⅰ</td><td>11/3주
우리 반 친구예요 Ⅱ</td><td>11/4주
친구와 함께 해봐요 Ⅰ</td><td>11/5주
친구와 함께 해봐요 Ⅱ</td></tr>
<tr><td colspan="2">등원 및
맞이하기</td><td colspan="4">친구와 인사나누기　　먼저 온 친구에게 손 흔들기　　친구에게 '반갑다' 말해보기</td></tr>
<tr><td rowspan="4">실
내
자
유
놀
이</td><td>언어영역</td><td>· 친구 이름 알기
· 개인장에서 사진보고
　친구 찾기</td><td>· 친구와 나누기
· "친구야 빌려 줄
　래?/이거 줄까?"
　이야기해 보기</td><td>· 친구들 목소리 녹
　음해서 들어보기
· 싫은 것 표현하기</td><td>· 친구 말 따라 하기
· "고마워/미안해"
　이야기해 보기</td></tr>
<tr><td>창의영역</td><td>· 블록 까꿍 놀이
· 친구와 소꿉놀이하기
· 호일 뭉치기</td><td>· 곰인형 그네
　태우기
· 친구에게 과자 먹
　여주기</td><td>· 친구에게 로션 발
　라주기
· 도장 찍기</td><td>· 밀가루 반죽으로 케이
　크 만들어 생일 축하놀
　이하기
· 친구 사진 찍어주기</td></tr>
<tr><td>탐색영역</td><td>· 주고받기 놀이
· 비디오 보면서 친구 얼
　굴 찾기</td><td>· 없어진 물건 찾기
· 친구 얼굴 스티로
　폼에 꽂아 보기</td><td>· 고리 쌓기
· 나뭇잎 책보기
· 둘이서 블록 쌓기</td><td>· 큰 구슬 꿰기
· 상자 포개어 넣기
· 빙글빙글 내려와요</td></tr>
<tr><td>신체영역</td><td>· 다른 사람 도와주기
· 두 발 모아 뛰어넘기
· 옆으로 구르기</td><td>· 둘이서 손잡고
　돌기
· 스펀지 블록 건네
　주기
· 감각 고리 잡아당
　기기</td><td>· 길 따라 걷기
· 친구와 함께 놀아요
　(볼풀장 위에서 뛰
　어요)</td><td>· 둘이서 신문지 들기
· 손잡고 뛰어내리기</td></tr>
<tr><td colspan="2">실외자유놀이</td><td colspan="4">자전거 타기　　　공원산책하기　　　나뭇잎 줍기　　　낙엽 위에서 뒹굴기
낙엽 위에서 뛰어보기　　공차기</td></tr>
<tr><td colspan="2">점심 및 낮잠</td><td colspan="4">식사 중에 작은 소리로 이야기하기　　친구에게 '잘 자' 인사하고 잠들기
엄마와 아기의 꿈(자장가)</td></tr>
<tr><td colspan="2">기본생활습관</td><td colspan="4">친구와 사이좋게 지내기　　　친구와 헤어질 때 손 흔들기　　　줄 설 때 앞 친구 밀지 않기
친구와 장난감 함께 정리하기</td></tr>
</table>

· 주제: 추워요
· 다루어질 내용: 날씨 변화에 관심을 갖는다.
· 실시기간: 12월 1주〜12월 3주

소주제		12/1주 추워요 I	12/2주 추워요 II	12/3주 눈이 왔어요 I
등원 및 맞이하기		혼자서 모자, 외투 벗어보기	겉옷 걸어보기	등원 시 차가워진 얼굴 손 만지기
실 내 자 유 놀 이	언어영역	· 동물그림 보기 · 무슨 옷 입고 왔는지 이야기해 보기 · 융판에 그림 붙여 이름 말하기	· '추워요' 말해보기 · 세 문장 따라 하기	· 겨울 풍경 사진 보기 · 실물과 그림 짝짓기(겨울용품)
	창의영역	· 장갑 껴보기 · 인형에게 옷 입히기	· 신문지 구기기/찢기 · 인형에 청진기 대보기	· 솜으로 붙여보기 · 인형 겨울옷 입히기
	탐색영역	· 상자에 넣어보기 · 자연물 모빌 탐색하기 · 테이프 떼고 붙이기	· 차갑다/따뜻하다 경험하기 · 얼음 만져보기 · 놀잇감 정리하기	· 단추 채워 보기 · 눈 탐색하기
	신체영역	· 신문지 공 차보기 · 신문지 밑으로 기어가기 · 엎드려 발 구르기	· 큰 타월 놀이 · 곰 잡으러 갑시다.(행동 따라 하기) · 우레탄 블록놀이	· 눈송이 블록 끼우기 · 손가락 방울 장갑 놀이
실외자유놀이		입김 불어보기　　산책하며 찬바람 느끼기　　눈 밟기　　눈 발자국 보기		
점심 및 낮잠		밥 먹을 때 흘리지 않고 먹기　　자고 일어나서 화장실 다녀오기 사계 중 '겨울' 2악장–비발디(클래식)		
기본생활습관		바깥놀이 할 때 겉옷 입기　　흘린 음식 먹지 않기　　먹은 그릇 치우기		

· 주제: 추워요. (느껴보아요 Ⅱ)
· 다루어질 내용: 날씨 변화에 관심을 갖는다.
· 실시기간: 12월 4주~1월 2주

소주제		12/4주 산타 할아버지가 오신대요	1/1주 냄새를 맡아요/맛을 보아요	1/2주 느껴보아요
등원 및 맞이하기		날씨에 대해 이야기해 보기	옷차림에 대해 이야기 나누기	
실 내 자 유 놀 이	언어영역	· '산타할아버지' 이야기하기 · 교사와 함께 책 보기 · 지시한 물건 가져오기	· 무슨 맛일까요? · 음식그림 까꿍 놀이	· 네 단어 문장 따라 하기 · 얼굴 표정 그림 보고 이야기하기 · 큰소리, 작은 소리 들어 보기
	창의영역	· 크리스마스트리에 스티커 붙이기 · 케이크에 초 꽂기 · 인형과 함께 노래하기	· 손가락 방울 장갑 놀이 · 과일/야채 모형으로 음식상 차리기 · 아기 유모차 태우기	· 신나게 흔들어 봐요 · 다양한 재질의 종이에 긁적이기 · 밀가루 반죽으로 음식 만들어 초대하기
	탐색영역	· 두 조각 퍼즐(산타, 트리) · 과자 봉지 탐색하기	· 촉감가방 · 숟가락으로 젤리 떠먹기	· 촉감 고리 연결해 기차 타보기 · 풍선 만져보기 · 촉감 상자 안에서 탐색하기
	신체영역	· 하나, 둘, 셋 깡충 뛰어 내리기 · 블록 늘어놓기 · 매트에서 굴러보기	· 병 속에 있는 과자 먹기 · 경사로 매틀 올라가기 · 앞구르기	· 감각 평균대 걸어보기 · 발바닥 따라 걷기
실외자유놀이		방울 달고 흔들어 보기	겨울바람 느끼기	얼음 만져보기
점심 및 낮잠		숟가락과 포크 사용해 보기		
기본생활습관		좋아하는 감정 표현하기(웃어주기/손 흔들기 ……) 간식 먹고 입 닦기 계단 조심해서 내려가기		

· 주제: 이만큼 자랐어요.
· 다루어질 내용: 자신의 변화에 관심을 갖고 혼자 할 수 있는 일을 경험해 본다.
· 실시기간: 1월 3주～2월 1주

소주제		1/3주 혼자 할 수 있어요 Ⅰ	1/4주 혼자 할 수 있어요 Ⅱ	2/1주 나는 자랐어요 Ⅰ
등원 및 맞이하기		장갑 벗어 장에 넣어보기	코트 옷걸이에 걸기	양말 벗어 장에 넣기
실 내 자 유 놀 이	언어영역	· 누구의 것인지 말해보기 · 사진에서 친구 찾기 · 혼자 할 수 있어요	· 같은 모양 짝지어 보기 · 감정 표현해 보기 · 얼굴 표정 따라 하기	· 신체 부분 이름 말하기 · 세 단어로 말하기 · 속삭이기
	창의영역	· 상자에 그림그리기 · 인형 돌보기 · 색종이 붙여보기	· 엄마 아빠 되어 보기 · 모루 도장 찍기 · 음악에 맞추어 행진 하기	· 인형 엎어주기 · 면봉으로 그리기 · 불록 놀이하기
	탐색영역	· 퍼즐 맞추기(꼭지퍼즐) · 공기 매트 놀이하기 · 우드락 부러뜨리기	· 같은 모양 찾기 · 테이프 뜯어내기 · 프리모 블록 쌓기	· 다양한 용기 두드려 보기 · 고리 쌓기 · 무지개 터널 통과하기
	신체영역	· 음악에 맞추어 리본 흔 들기 · 벽돌 블록 위로 올라가 보기 · 고무줄 뛰어 넘기	· 음악에 맞추어 리본 흔들기 · 풍선 채로 풍선치기 · 큰 비닐봉지 공놀이	· 신체 부분 지시에 따라 짚어보기 · 깡충 뛰어 매달린 풍선 치기 · 허리 굽혀보기
실외자유놀이		눈 만져 보기　　겨울바람 느끼기　　모래 놀이 기구로 눈 담아 보기 눈 뭉쳐보기		
점심 및 낮잠		식사 전·후에 '잘 먹겠습니다/잘 먹었습니다' 이야기해 보기 자고 일어나 혼자서 바지 입기　　꿈속의 사랑(자장가)		
기본생활습관		옷걸이에서 자기 옷 찾아보기　　계단 조심해서 내려가기 집에 갈 때 선생님과 친구에게 인사하기		
알림사항				

· 주제: 이만큼 자랐어요 Ⅱ
· 다루어질 내용: 자신의 변화에 관심을 갖고 혼자할 수 있는 일을 경험해 본다.
· 실시기간: 2월 2주~2월 4주

소주제		2/2주 나는 자랐어요 Ⅱ	2/3주 형님반이 되어요 Ⅰ	2/4주 형님반이 되어요 Ⅱ
등원 및 맞이하기		자기장에 내 물건 넣기	엄마 아빠 '다녀오세요' 말해 보기	
실내자유놀이	언어영역	· 큰소리, 작은 소리 들어 보기 · 수수께끼 그림책 · 친구이름 말해보기	· 소리 흉내 내기 · 융판 붙이며 이야기하기 · '나는 OO반이 되어요' 말해보기	· 교사 따라 표정 짓기 · 1년 동안 지낸 사진보고 이야기하기 · 많아요/적어요 이야기해 보기 · 2세반 형과 선생님께 인사해 보기
	창의영역	· 밀가루 반죽으로 음식 만들기 · 멈추기와 움직이기 · 한복 입어보기	· 공 굴려 그리기 · 걸레로 청소하기 · 종이 벽돌 길게 늘여 놓기	· 여러 가지 악기 연주 · 솜방망이로 그리기
	탐색영역	· 몸 이용해 소리 내보기 · 경사면에 공굴리기 · 3조각 퍼즐	· 자석 그림 붙여 보기 · 크기대로 컵 포개어 넣기 · 고리 열고 닫기	· 양말 인형 끼어보기 · 큰 구슬 끼워보기 · 촉감 장갑 끼워 보기 · 달님반 돌아보기
	신체영역	· 발끝으로 걸어보기 · 스펀지 블록에서 놀기 · 오르고 내려오기	· 콩주머니 던지기 · 상자에 숨기 · 판 위에서 걷기	· 이불 개어 보기 · 후프 기차놀이 · 큰 공 굴려 상자 맞추기
실외자유놀이		마주 앉아 공 주고받기	스펀지 매트 위에서 뛰어 보기	장애물 놀이
점심 및 낮잠		먹어 보지 않은 음식 먹어 보기 사랑의 기쁨(클래식)	양치 후 자신의 컵·칫솔 제자리에 정리하기	
기본생활습관		화장실 다녀온 후 손 씻기	갖고 논 놀잇감 정리하기	앞 친구 밀지 않기

부록Ⅱ. 영아반 일과 운영

1. 영아반 하루 일과는 정적 – 동적, 개인-대·소집단, 실내 – 샐외놀이, 일상적 생리 활동 – 교육 활동 간의 균형을 이루어야 한다.

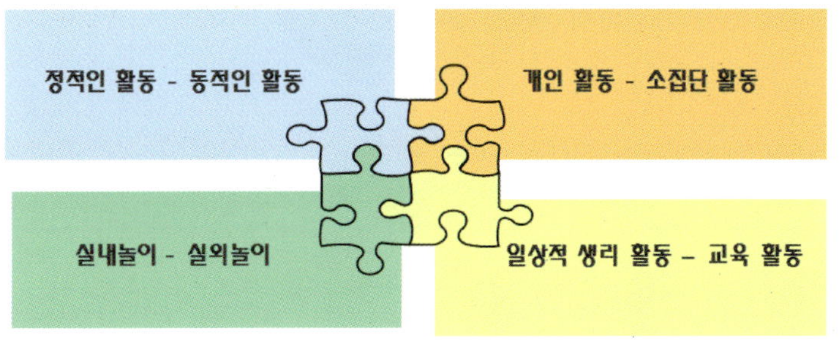

2. 하루 일과의 내용

하루 일과는 평일에는 오전 7:30-오후 7:30, 토요일에는 오전 7:30-오후 3:30까지 운영한다.

일 과	시 간	활 동 내 용
등원 및 통합보육	오전 7:30 – 오전8:30	밝은 미소로 영아를 맞이하고 보호자에게 영아의 상태를 듣는다.

일 과	시 간	활 동 내 용
건강관찰	오전 8:30 – 오전 9:10	영아의 건강상태를 살피고 관찰한다. 부모가 기록한 일일보고서를 확인한다. 영아와 놀잇감을 가지고 자유롭게 놀이한다.

일 과	시 간	활 동 내 용
오전간식	오전 9:10 – 오전 9:30	개별영아의 발달에 따라 기저귀를 갈거나 화장실을 다녀오게 한다. 손씻기를 한다. 포크나 숟가락을 사용하여 스스로 먹을 수 있도록 한다. 먹고 난 후 정리정돈을 하게 한다.
실내 자유놀이	오전 9:30 – 오전10:15	자유로운 탐색활동이나 교사가 준비한 놀이활동을 할 수 있도록 한다. 교사와의 상호작용, 또래와의 놀이, 혼자놀이 등의 활동을 한다.

여러 가지 끼우기 자료, 그림 맞추기 등은 눈과 손의 협응력을 길러 주며, 다양한 자료를 만져 보고 탐색할 수 있는 기회를 제공해 준다. 영아가 쉽게 접근할 수 있는 선반에 두며 자료들은 종류별로 분류하고 정돈되어 있어야 한다. 놀잇감을 양보할 수 없는 이 시기 영아의 발달적 특징을 고려하여 동일한 놀잇감을 2~3개 이상 제시하는 것은 영아반 교실 환경 구성에서의 필수 요소이다.

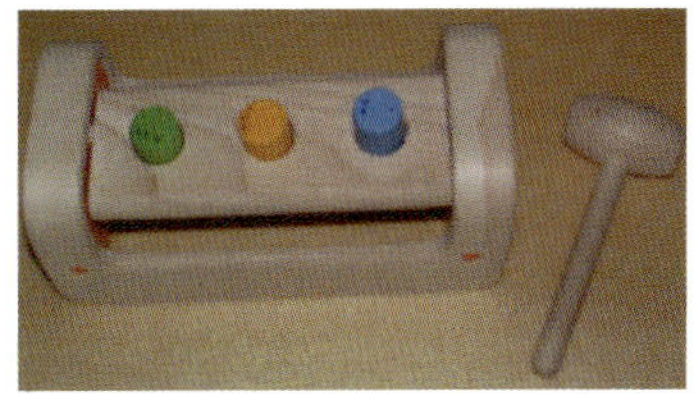

망치로 작은 나무토막을 두드려서 집어넣고 빼는 반복적인 활동을 하면서 눈과 손의 협응력은 물론 망치를 두드릴 때마다 나무토막에 생기는 변화를 통해 자신의 힘을 즐긴다.

다양한 주제의 소리 나는 그림책을 통하여 사물의 형태와 사물의 소리를 연결해 본다. 또한 손가락으로 그림이 그려진 부분을 눌러 다양한 소리 듣기를 매우 즐긴다.

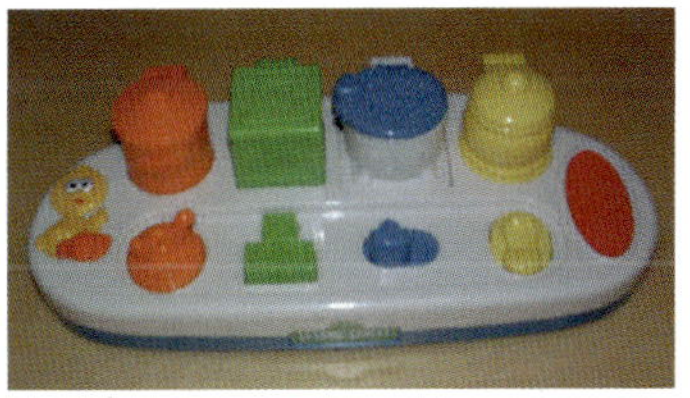

손잡이를 누르거나 돌리는 버튼마다 다양한 조작을 통하여 뚜껑이 열리면서 내부에 있는 사물이 튀어나오는 모습을 즐긴다.

손잡이를 누르거나 돌리는 버튼마다 다양한 조작을 통하여 뚜껑이 열리는 활동을 즐기는 영아들을 위한 교구를 다양하게 제시한다.

여러 가지 끼우기 자료, 손잡이를 누르거나 버튼을 조작하는 놀잇감들은 작은 힘으로 커다란 변화를 즐길 수 있다. 이 시기 영아들을 위한 탐색영역에 제시될 수 있는 효과적인 놀잇감들의 예이다.

다양한 모양의 구멍 속으로 구멍의 형태와 동일한 플라스틱을 넣으면 플라스틱이 구멍 속으로 들어가면서 만들어 내는 소리를 통해 다양한 청각경험을 한다.

막대의 길이만큼 구멍 뚫린 원통형의 나무를 넣어 눈과 손의 협응력 증진과 함께 수와 양에 대한 경험을 한다.

다양한 재료가 담긴 헝겊 고리의 질감을 느껴 보면서 헝겊 막대에 원통형 고리를 넣어 보면서 촉감을 경험하는 교구이다.

각 지름이 조금씩 커지는 5개의 작은 인형 기둥을 구멍의 크기에 맞추어 넣어 본다.

＊ 창의영역

생후 1~2년 사이에 나타나는 상징 놀이의
출현은 감각적 운동 지식에서 정신적 표상의
지식으로 전환되는 이 시기의 주요한 발달적
특징으로서 교사의 상호작용은 물론 환경적
배려가 더욱 중요하다.

동일한 플라스틱 그릇과 도구들도 2~3개 이
상 제시해 주어야 한다.

누르면 소리가 나는 부드러운 플라스틱 재
질의 다양한 과일과 채소 모형들은 영아의
상징놀이를 격려한다.

작은 힘을 가하면 분리가 되는 플라스틱 재질
의 과일과 채소 모형을 제시하면 영아의 상징
놀이가 활발해진다.

영아에게 다양한 촉감을 느낄 수 있는 기회
를 제공하며 소근육 조절의 성공적인 경험
을 즐길 수 있도록 밀가루 점토놀이를 항상
제시해줄 수 있다.

* 언어영역

언어영역에는 단순한 개념책, 까꿍놀이책,
여러 가지 다른 질감을 느낄 수 있는 촉감
책, 반복적이고 운율이 있는 그림책은 물론
편안한 쿠션이나 깔개 등을 제공한다.

또래와 함께 책 보기를 하는 영아

여러 가지 다른 질감을 느낄 수 있는 촉감책

* 신체영역

영아를 위한 실내 환경에서 반드시 요구되는 신체영역에는 당기는 놀잇감, 크기와 재질이 다른 다양한 공, 스펀지, 블록, 종이블록, 우레탄 블록 등이 제공된다.

끈 달린 끄는 놀잇감

끌거나 밀 수 있는 작은 나무 자동차

일 과	시 간	활 동 내 용
정리정돈 및 전이활동	오전 10:15 – 오전10:30	교사가 정리하면서 영아도 제자리에 놓아 보도록 유도한다. 간단한 전이활동을 한다. 개별적으로 영아의 발달에 따라 기저귀를 갈거나 화장실을 다녀오게 한다. 다음 놀이 활동 장소를 알려 주고 이동한다.
실외 자유놀이	오전 10:30 – 오전 11:20	교사가 준비한 실외놀이 활동이나 대근육 활동, 물·모래놀이 등을 자유롭게 한다.
점심준비	오전 11:20 – 오전11:30	식사 전 손 씻기를 한다.
점심 식사 및 양치질하기	오전 11:30 – 오전12:10	숟가락과 포크를 사용하여 스스로 먹을 수 있도록 한다.
낮잠 준비	오후 12:10 – 오후 12:30	개별적으로 영아의 발달에 따라 기저귀를 갈아 주거나 화장실을 다녀오게 한다. 편한 옷으로 갈아입기 또는 겉옷을 벗도록 한다.
낮잠	오후 12:30 – 오후 3:30	조용한 음악이나 자장가를 들려준다. (3,4월은 영아의 생활리듬에 따라 낮잠시간을 개별적으로 조정한다.)
낮잠 깨기	오후 3:30 – 오후 4:00	낮잠에서 깨어나면 잠자리를 정리하고 옷을 입게 한다. 개별적으로 영아의 발달에 따라 기저귀를 갈거나 화장실을 다녀오게 한다.
오후 간식	오후 4:00 – 오후 4:30	손을 씻게 한다. 포크나 숟가락을 사용하여 스스로 먹을 수 있게 한다.
실내·외 자유놀이	오후 4:30 – 오후 6:00	날씨나 영아의 흥미에 따라 옥상, 신체활동실에서 자유롭게 놀게 한다. 오전 활동 중 흥미 있는 활동을 지속하거나 확장해서 놀이하게 한다. 귀가 준비(소지품 챙기기, 씻기, 옷 입기 등)를 한다.
통합보육 및 귀가	오후 6:00 – 오후 7:30	영아의 하루 생활을 부모에게 이야기하고 귀가 인사를 나눈다.

김경란 ────────────────────────────

▌약력

　성신여자대학교 일반대학원 교육학과(교육학 석사)
　중앙대학교 일반대학원 유아교육과(문학 석사)
　중앙대학교 유아교육과(문학 박사)
　삼성생명 공익재단 신당삼성어린이집 개원, 원장
　양지어린이집 개원, 원장
　학교법인 성신학원 성신유치원 원감
　경원대학교, 성신여자대학교, 중앙대학교 출강
　(현)광주여자대학교 유아교육과 조교수

▌주요 논문 및 저서

　논문:「유아놀이 행동유형과 제변인에 대한 연구」
　　　「쌓기 놀이 영역에서 교사의 개입이 유아의 공간조망 능력에 미치는 영향」
　　　「영아의 몸짓언어 이해를 통한 보육교사와의 애착형성과정 탐색」
　　　「시설장과 보육교사의 평가인증 참여 및 만족도 분석」 외 다수

　저서:『영아교육활동자료집 Ⅰ,Ⅱ,Ⅲ』(공저, 한국 어린이육영회)
　　　『유아미술교육』(공저, 창지사)

이혜경 ────────────────────────────

▌약력

　중앙대학교 일반대학원 유아교육과(문학 석사)
　중앙대학교 유아교육과(문학 박사)
　여림유치원 교사
　중앙대학교, 을지대학교, 경인교육대학교 및 수원대학교 교육대학원,
　가톨릭대학교 교육대학원, 아주대학교 교육대학원 출강

▌주요 논문 및 저서

　논문:「유아의 포괄적 공간능력 증진 프로그램 구성 및 적용」
　　　「이야기 나누기에 나타난 교사의 발문수준과 사용에 관한 연구」
　　　「교사의 유아행동지도 전략에 대한 예비교사의 반성적 사고」 외 다수

　저서:『통합적 교과운영의 실제』(공저, 파란마음)

어린이 전문 서적

1세 영아의 보육교사,
또래와의 관계형성 이해

초판인쇄 | 2009년 2월 28일
초판발행 | 2009년 2월 28일

지은이 | 김경란·이혜경
펴낸이 | 채종준
펴낸곳 | 한국학술정보㈜
주 소 | 경기도 파주시 교하읍 문발리 513-5 파주출판문화정보산업단지
전 화 | 031) 908-3181(대표)
팩 스 | 031) 908-3189
홈페이지 | http://www.kstudy.com
E-mail | 출판사업부 publish@kstudy.com

등 록 |
가 격 | 25,000원

ISBN   978-89-534-1322-1 93370 (Paper Book)
       978-89-534-1323-8 98370 (e-Book)